骆兆平　著

天一閣

杂识

图书在版编目(CIP)数据

天一阁杂识／骆兆平著.—上海：上海古籍出版社，2016.6
ISBN 978-7-5325-8124-5

Ⅰ.①天… Ⅱ.①骆… Ⅲ.①天一阁—史料 Ⅳ.①G259.29

中国版本图书馆 CIP 数据核字(2016)第 121047 号

天一阁杂识

骆兆平　著

上海世纪出版股份有限公司
上 海 古 籍 出 版 社　出版
(上海瑞金二路 272 号　邮政编码 200020)
(1)网址:www.guji.com.cn
(2)E-mail:guji1@guji.com.cn
(3)易文网网址:www.ewen.co
上海世纪出版股份有限公司发行中心发行经销
浙江临安曙光印务有限公司印刷

开本 890×1240　1/32　印张 8.125　插页 9　字数 204,000
2016 年 6 月第 1 版　2016 年 6 月第 1 次印刷
印数:1—1,100
ISBN 978-7-5325-8124-5
G·638　定价:48.00 元

如有质量问题,请与承印公司联系

天一阁创始人

[明] 范钦画像

清道光十四年（1834）木刻范祠图

应野平绘天一阁图

（1962 年春）

天一阁前假山

天一阁后假山与尊经阁

一駱南馳萬卷書載馳何幸得同車永嘉經制承伊
洛玉海家藏接石渠風日樓高新而後縹緗情重刧
灰餘百年喬木秋容裏共向蘭陵問起居甬江千
里接朝音高蹈逈未易尋雲路似聞天際語泥塗仍
作草間吟論交文乙疏簪綬餘愛何如伴蠹蟬寄問
四明靈隱子可容就閣結同心

虎平先生一笑

甲子九月 張憲文

詩二律紀羅雪堂承堂遊蹤

1980年11月，骆兆平南下访书，得天一阁刻《范氏奇书》复印配补本多种。温州市图书馆张宪文先生诗纪同访瑞安玉海楼事。

上海图书馆馆长顾廷龙先生主编《中国古籍善本书目》时访阁，检阅天一阁善本书目卡片。
（自右至左，前排：顾廷龙、郑芳华；后排：袁元龙、邱嗣斌、沈津、骆兆平）

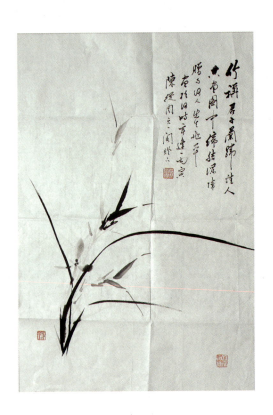

同济大学教授陈从周先生多次访阁，设计指导东园建设。
1986年某日晚，在新书库阅览室作画相赠。

1986 年新建成天一阁东园

1998 年新建成天一阁南园

喜读《天一阁丛谈》

余湘

天一阁文物保管所所长骆兆平研究馆员，当代文献学家也，治事严谨，一丝不苟。来掌藏书楼后，日与古籍为伍，寝馈其间，不遗余力，于典籍之保存与利用，厥功甚伟。今拜读其新著，记载翔实，文笔隽丽，允称杰构。欣喜之余，乃缀成俚句，聊申庆贺。

峥嵘古阁史悠长，善本珍椠久远扬。

公菴书楼三十载，我为誊录万千张。（注）

整理编校无虚夕，深思研究有华章。

一卷丛谈持在手，书藏阁史尽明详。

注：包括卡片在内

《天一阁丛谈》出版，南社及新南社诗人余湘先生赠诗，刊于 1993 年 11 月 4 日《宁波日报》。

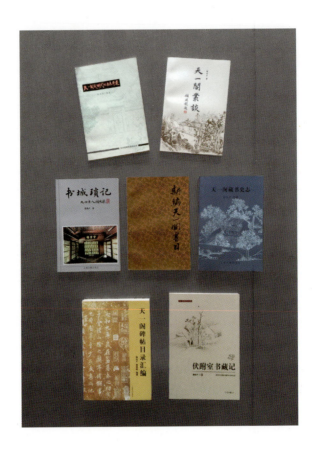

骆兆平已出版著作书影

序

　　骆兆平先生是我非常尊敬的一位学者和长者。他是当代全面深入研究天一阁藏书文化的第一人,众多的天一阁研究者、爱好者很可能与我一样,最早了解天一阁是从骆先生的《天一阁丛谈》开始。此书可以说是天一阁研究的开山之作,后来的一些著述,大多以此书为基础,并加以延伸、扩展及深化的。

　　先生自1961年起,潜心于天一阁藏书文化研究,至今已历经半个多世纪,访书、理籍、编目、补遗、谒碑、抢救、劝赠、研究、著述,终成硕果,至今已出版七部学术著作,撰写学术文章一百二十余篇,为天一阁及宁波地方藏书文化的研究与传播作出了重要的贡献,深受学界推崇及后辈景仰。

　　先生古稀之年退休之后,仍研究不止,笔耕不辍,且年岁越高,传承之心益切。先生曾对我说:"我要趁现在脑子还能想,手还能写,要把亲历的天一阁史料记述下来,留给后人,否则有些事就没人知道了。"果不其然,在先生八十三岁高龄之际,《天一阁杂识》又将和读者见面了。手捧书稿,怎不让人感佩?

　　《天一阁杂识》全书分四个篇章,一是阁史述闻,二是书城续记,三是读书偶得,四是读碑浅识。

　　在阁史述闻中,先生以严密的考证为依据,廓清了围绕天一阁的一些不为人知的史实或以讹传讹的说法。如天一阁与天一池的渊源、范大冲刻印书籍、范光文增构池亭、范光燮辟建西园,考证了早年阁书之构成,记述了书目外编与外篇的由来及进展,叙述了阁书首次外展之盛况。尤其让人印象深刻的是详述了天一阁在抗战期间避寇迁书的经过。在山河破碎，安稳不保之际，各方人士俱心系阁书，精诚合作，殚精竭虑，周密安排，把阁书完整搬迁密藏达七年之久，待胜利后又完璧归阁。其中一个细节讲到在龙泉密藏期间，"书箱填脚架的脚下各放一个小碗，碗里放桐油，这样可以防止虫子爬上来"，"在天井里或空地上搭起竹架子进行晒书"。前人对书籍爱之深、护之切的情形跃然纸上，令人动容。还有在"文革"期间，天一阁的管理人员，冒着被批斗打倒的风险，千方百计，护书护阁，并利用一切机会抢救古籍，创造了在"文革"中不仅原藏书一页未缺，而且续增书数倍于前的奇迹。其智慧与勇敢让人心生无限敬意。

书城续记则是先生对宁波地方其他藏书楼、藏书家研究的继续。先生分别对范氏卧云山房，郑氏二老阁、卢氏抱经楼、沈氏抱经楼、陈氏旧雨草堂、费氏小沧桑馆、林氏蔡照庐、杨氏清防阁、孙氏蜗寄庐、朱氏别宥斋，或志其人，或叙其书，或记其楼，逐一记述，足见先生对宁波藏书文化的研究日见深入、广泛。

读书偶得为先生关于天一阁所藏部分珍籍的研究考证文章。先生以翔实的史料，谨密的考校，辨章学术，考镜源流，将这些珍籍的内容与脉络梳理得更为清晰可信。

读碑浅识主要收录了先生对于天一阁所藏碑帖的研究文章，揭示了其来源、流转、价值、传播等诸多方面，为后学研究碑帖提供了基础与指引。

纵观全书，从中有两点令人感受至深：一是先生对于天一阁藏书文化研究的挚爱之情，从风华正茂到两鬓斑白，五十多年如一日，矢志不渝，心无旁骛，不以俗世名利为念，倾其全力，竭其才情，居功厥伟。二是先生治学之严谨踏实，一字一文，尽求言必有据，述则有序，深得古学问家治学之风范。某些学术问题，不惜历经多年考校辨析，直至清晰无误，方始释怀，实为后辈治学之楷模。

先生书稿初成之时，约我为其书作序，我深感惶恐，窃以为不论是从学识、资历还是对天一阁的熟识程度,都无以担当此任,因此婉拒,然先生不改初衷,既然师长所托,再却不恭。此后读稿写文的过程,既是了解阁史、增长学识、受教前辈的学习过程,更是进一步深感我辈如今肩负使命之光荣,责任之重大。这恐怕也是先生的一种深意吧。

骆兆平先生是目前唯一一位亲历了天一阁五十年变迁发展的"阁老",真正称得上是天一阁活着的"阁宝"。在此我衷心地祝愿先生健康长寿,继续耳聪目明,精神健硕,更多地指点后辈,传承阁学,使爱书、藏书、护书、传书、用书的精神代代相继,让书香满甬城。

谨以此为序。

庄立臻
2016 年 1 月

目　录

二、书 城 续 记

三、读 书 偶 得

四、读碑浅识

五、附 录

一、阁史述闻

天一阁轶事

一、天一池与天一阁

天一阁藏书楼建于明嘉靖末年,其命名之旨,无明代文献可征,至清乾隆年间,始有官私不同记载。先是乾隆三年(1738),宁波学者全祖望登阁编目,撰《天一阁碑目记》云:"阁之初建也,凿一池于其下,环植竹木,然尚未署名也,及搜碑版,忽得吴道士龙虎山天一池石刻,元揭文安公所书,而有记于其阴,大喜,以为适与是阁凿池之意相合,因即移以名阁。"后来乾隆帝办《四库全书》,欲仿天一阁藏书之法,以垂久远,于乾隆三十九年(1774)六月,令杭州织造寅著亲往"详细询察"。寅著复奏云:"阁前凿池,其东北隅又为曲池,传闻凿池之始,土中隐有字形如'天一'二字,因悟天一生水之义,即以名阁。"①二者所据传闻虽异,而取天一生水之义名阁则同。

天一池在江西鹰潭龙虎山"上清宫门外二十步,元至正二年本宫提点程君静凿,有揭傒斯记"。②"人谓南面秀峰多类火,开池引城门之水,从池而流,以压火灾,盖取天一生水之义。"③"纵二百尺,衡倍之,深二寻而去其一尺,砻石为防而栏其上。"④六百五十

---

① 乾隆三十九年六月二十四日上谕及寅著复奏文。
② 乾隆《龙虎山志》。
③ 嘉靖《龙虎山志》。
④ 元揭傒斯《天一池记》。

多年后的今天,我们"踏寻范钦的足迹·江西行"考察组一行六人,于 2006 年 12 月 11 日,在天师府道教研究会徐老师陪同下,确认了天一池的所在地。古上清宫建筑早已不存,元天一池碑刻也不知去向。今在天一池附近建有福地门。从门楼左旁俯视,即可看清天一池周岸杂草丛生的荒废景象。

天一阁所藏天一池石刻拓本原有碑阳"天一池"三大字和碑阴揭傒斯撰并书《天一池记》。至乾隆年间,"天一池"三大字旧拓归于全祖望,①所以,范懋敏编嘉庆十三年(1808)刻《天一阁碑目》只著录揭傒斯《天一池记》。咸丰十一年(1861),阁中碑帖大量被窃,《天一池记》拓本大约也在此时散出。近代杭州藏书家邵章曾收得《天一池记》旧拓,他在题诗中说:"我来游四明,阁故闻之耳。独得文安书,煌煌天一记。毡墨溯明初,直疑阁中庋。惜无碑阳书,永怀吴道士。"②碑阳三大字旧本,在全祖望身后便不知去向。民国重修天一阁委员会在阁前池南假山石上刻"天一池"三大字,那是从唐玄宗(李隆基)撰《纪太山铭》摩崖碑中集字上石的。

"天一生水"之说,出自汉代经学家郑玄《周易·系辞注》,"以水制火"也是古人的常识。无独有偶,宁波有天一阁,赣州也有楼称天一阁。据同治《赣县志》卷首图,在照磨衙以东州前大街上,有大井,上覆以阁,名天一阁。当"踏寻范钦的足迹·江西行"考察组到达赣州后,即于 12 月 14 日,由市博物馆张馆长陪同去市区文清路与建国路、阳明路交汇处,踏访了古天一井和天一阁遗址。当时以为是清初慈溪人姚启盛在赣南做官时"受家乡天一阁防火措施的影响建造的"。③ 回甬后,我查阅嘉靖十五年(1536)纂修的

① 清全祖望《揭文安公天一池记跋》。
② 民国二十五四月三十日《东南日报》特种副刊《金石书画》第五十六期。
③ 2006 年 12 月 18 日《宁波日报》载:《赣州也曾有"天一阁"》。

《赣州府志》,见卷二载:"天一井,旧名太阴,布政蒋曙改今名,以城东有火焰山,取水制火之义。"卷五载:"天一阁后巷,旧阁名太阴,巷因之,知府邢珣修复。"蒋曙,弘治中任赣县知县;邢珣,正德十年(1515)任赣州府知府。可知赣州天一阁早于嘉靖年间建立的宁波天一阁。据张馆长介绍,赣州天一阁在1972年被全部拆除,1976年前后,建设人防工程时,原址出土了南宋陶瓷器。

二、碧沚园中十洲阁

范钦《天一阁集》有《碧沚园屠张二司马燕集用韵三首》诗,其第二首云:"草阁湖中央,依稀濠濮乡。千章夏木绕,一镜水云长。人意生虚寂,天光随渺茫。陶然忽已醉,不复问沧桑。"第三首云:"长日坐沉冥,清时一草亭。波流兼雨白,杯影接天青。吾自欣披雾,人犹疑聚星。欲知清暑渴,悬绠汲中冷。"碧沚园在月湖十洲之一的芳草洲,诗中透露出园中有阁有亭,风景优美。

芳草洲位于月湖之北,南宋时,有碧沚亭,"丞相史弥远建"。[①]"碧沚亭,皇明以后未考谁属,正德间为丰考功(坊)所有,后售之兵部侍郎范钦。当时出售据云:碧沚园丰氏宅,今与范侍郎为业,南禺笔。"[②]自此,碧沚园便成了范氏别业。

范钦住宅及天一阁在月湖西面的芙蓉洲,地址旧称预备仓右巷。前几年,有的学者依据范钦《上元诸彦集天一阁即事》诗,张时彻《东明池馆玩月即席限秋字霜字》、《八月十一日燕东明山亭玩月》,沈明臣《为范司马题十洲阁二首》、《题范少司马十洲阁》等诗文,提出《天一阁名有新说》,"怀疑范钦建造'天一阁'的初衷,恐怕不是为了藏书,而是供诗酒唱和、交游宴饮之用",而且"建成

----

① 　嘉靖《宁波府志》。

② 　清徐兆昺《四明谈助》。

之初十有八九叫十洲阁"。①为此,我重读了有关诗文,在沈明臣《丰对楼诗选》中读到一首能说明问题的诗,诗题《陪宋初旸胡安父集范司马别墅十洲阁》,诗云:"十洲高阁紫烟中,城郭山川宛委东。九曲朱阑苑外雨,千章绿树晚来风。歌闻款乃渔舟聚,望入蒹葭水驿通。荡桨百壶能取酒,罚诗金谷未教同。"可知十洲阁在范钦别墅里,这别墅正是"草阁湖中央"、"望入蒹葭水驿通"的碧沚园。

万历十三年(1585)范钦去世,碧沚园渐趋冷落。陈民俊《日月湖竹枝词》之八云:"湖中碧沚水粼粼,司马当年此肃宾。近日园林萧瑟甚,双扉深阖谢游人。"②陈民俊字公吁,万历四十一年(1613)武进士,所记当为其亲闻亲见。

月湖又称西湖,在宁波城南,中有汀、洲、岛、屿凡十。北宋"元祐八年,郡守刘珵浚西湖,因其积土广为十洲,而敞寿圣之阁,以名十洲阁"。③全祖望《西湖十洲志》云:"鄞西湖之胜,至宋元祐间而极盛。南渡以后,十洲皆遭变置。约略考定,大低中央得四,而东西两岸各分其三。寿圣院为十洲首,即花屿也。"④若从芳草洲南望,隔水为柳汀,再隔水即花屿。或因宋十洲阁之不存,范钦才移其名以名碧沚别墅之草阁,借以寄托思古之幽情。

三、芳草洲上立范祠

范钦"筑居在月湖深处,起天一阁藏书,有别业在碧沚,殁后即

---

①　戴光中《天一阁主范钦传》。

②　乾隆《鄞县志》。

③　咸丰《鄞县志》。

④　清徐兆昺《四明谈助》。

以为祠"。① 称范司马祠。至今数百年,祠堂早已倾圮,史事亦无从详考。我所见有关资料仅《希圣老人分析三子产业册》和《碧沚祠元旦祝版规式田亩附册》而已。

希圣老人是范光燮的号,字友仲,范钦曾孙。《希圣老人分析三子产业册》共二十七页,上下两页之间中缝均钤"希圣堂"朱文方印。卷首序言,署"康熙甲戌桂月希圣老人范友仲手定",时为康熙三十三年(1694),序末钤"范光燮印"白文方印。又有范光燮亲笔题:"此册系老人亲自详审较定,绝无拘抑之偏,纯系天理之至,我子我孙俱宜恪遵世守,倘有违逆启争者即为不孝论。友仲亲笔识。"除产业分给正辂、延辅、延奇三子外,还有关于祀田及值祀的记载。如规定"余自置之业应尊百亩为老人祀田",同时列举百亩祀田的字号、亩数、土名、租额、佃人姓名。又指出:"稚光公(汝桦)原祀田百十余亩,今后辂、辅、奇轮收掫值。自光禄公(大冲)、司马公(钦)以上祭祀,亦隆昌、隆盛、隆成掫年序值,毋得怠废也。"祀田的收入无疑是祭祀活动的主要经费来源。

祀田所入还用于天一阁书楼维修和藏书管理。如道光九、十年间(1829—1830)修阁,②范氏子孙"节省祀田之余,鸠工庀材,上自栋瓦,下至阶庭,左右墙垣,罔不焕然一新"。③ 在藏书管理方面,范氏禁例:"子孙无故开门入阁者罚不与祭三次,私领亲友入阁及擅开书橱者罚不与祭一年,擅将藏书借出外房及他姓者罚不与祭三年,因而典押事故者除追惩外,永行槟逐不得与祭。"道光九年(1829)八月,又增加了书楼及环境管理条款,如不得在通道上堆积物件、挂晒衣裳,不得损坏花木器物,不得损坏花坛假山,不得向池水洗污或在池内游泳等,犯者罚不与餕一次或二次。范氏子孙

---

① 清徐兆昺《四明谈助》。
② 范氏禁牌称道光九年,周彦《范氏重修天一阁记》作道光十年。
③ 清周彦《范氏重修天一阁记》。

以不与祭为辱,以天一阁后人为荣,是天一阁得以长久保存的重要原因之一。

《碧沚祠元旦祝版规式田亩附册》五页,清末传录本,首祝文、次规式、田亩,末道光二十四年(1844)岁次甲辰春正月九世孙桐龄等跋。碧沚祠元旦序拜,由范钦八世孙范懋敏创于嘉庆五年(1800),其手撰祝文是研究天一阁主人范钦鲜为人知的史料,故移录于后。

维□□□□年,岁次□□正月元旦,嗣孙□□等谨以清酌之奠,致祝于十五世祖考明通议大夫兵部右侍郎东明府君,十五世祖妣诰封宜人袁太夫人,徐太孺人之神前曰:伏以双湖日暖,波添碧沚之纹;三岛春回,绿遍芳洲之草。溯旧典于姑苏,文正忠宣,崇祠遥瞻夫轮奂;述宗功于勾东,仆射司马,画像敬仰乎尊严。恭惟我公,才高继往,德迈象贤,早登甲乙之巍科,壮奏弦歌之美绩。为郎缮部,抗权贵而忠诚,百折不回;出守袁州,抑豪强而盘错,一身独任。缅夫开府九江,翦除天爵文彪之剧盗;直拟作帅西夏,震惊张元吴昊之巨魁。官已扬历乎中外,功尤保障夫东南。挂冠而山水徜徉,鼎分乡饮,时称东海之三;赌墅而琴樽啸傲,牛执骚坛,不让香山之九。锦缠缃帙,泽流者三百年,远胜眉山孙氏;玉轴牙签,宠锡者一万卷,比隆崑圃天家。凡此身后之崇报,益思当日之潜幽。祀典既隆与乡贤名宦,家礼亦备乎春禴秋尝。兹际岁元日元时元之令辰,宜举事序齿序爵序之盛典。黄童白叟,插橘瑞以趋跄;章服华簪,执豆笾而对越。伏愿履端肇庆,长歌瓜瓞之章;首祚迎麻,永献椒花之颂。谨告。

元旦序拜是乾隆三十九年(1774)钦赐《古今图书集成》雍正铜活字本一万卷之后范祠新增的一项祭祀活动。设祭日,特雇渡船一只,吹手四名。从规式末行"主祭、鸣赞、读祝各给饼四枚,三共一十二枚,自光绪十九年(1893)新增,永以为例",可知范祠祭祀活动持续时间之长。

四、范大冲刻印书籍

范大冲字子受,范钦之长子,是继承和发展天一阁藏书文化的第一人。刻印书籍便是他为天一阁所做重大贡献中的一项。据记载,他编刻过《天一阁书目》,又刻范钦遗著《天一阁集》。刻汉陆贾《新语》,以续成世称《范氏奇书》的一部丛书。

范大冲刻书最早是在万历八年(1580)先刻自撰《三史统类臆断》一卷。此书今已不见明刻足本传世,阁内仅存版片单面一片,双面一片。版式为半页八行,行十六字,白口,四周单边。范大冲生于嘉靖十九年(1540),刻书之年,已经四十一岁。

范钦去世后,大冲即着手编刻《天一阁书目》,他在书目跋文中说:"冲先君宦游两京各藩省几四十载,致仕二十余载,享寿八秩。生平孜孜,惟书籍是嗜,远购近集,旦录夕抄,积之岁月,仅盈箧笥,乃勉构天一阁以贮之,惧遗散也……"刻成时万历十五年(1587)令人遗憾的是这部书目未能流传下来,我们只有从清人管廷芬《待清书屋杂抄再续编》一书中见到其摘抄本。该摘抄本只抄录其中十二类一百二十一种书的目录,以及范大冲撰跋文。我初见复印件时,因天一阁内无此书版片及关于版片的记载,曾怀疑其"从万历丁亥刻本"抄录的真实性。后来读民国二十四年(1935)张镜夫撰《天一阁见存书目跋》,文中有"天一阁书目,范氏在明时已有刊本,在今日已不易见"①之说,方知摘抄本并非孤例。

万历十九年(1591),大冲又刻成范钦遗著《天一阁集》三十二卷。此书卷首沈一贯序,卷一至十七诗,卷十八至三十二文。版式为半页十行,行二十字,白口,单鱼尾,左右双边。刻工有王元秀等

---

① 冯贞群《鄞范氏天一阁书目内编》附录。

十九人,可知当时刻书之规模。今天一阁、北京大学图书馆、国家图书馆均藏有此书明刻本。美中不足的是被收入《续修四库全书》影印出版时,其底本是一个抄配本。

万历十九年,范大冲还刻成经范钦校订的汉陆贾撰《新语》二卷。此书半页九行,行十八字,白口,左右双边,不记刻工。原刻本仅见天一阁收藏,书上钤大冲之孙"范光燮印"、"友仲"印章。可惜卷首序文只存二页,自第三页起缺页,因为未见落款,不知作者姓名,所以我早年撰写《天一阁刻书考》时,只著录:"卷首□□□序。"初以为序文所缺内容难以弥补,没有想到几年之后,我在整理天一阁入藏普通古籍时,竟意外发现该书"沔阳卢氏慎始基斋景明范氏天一阁本",卷首序文完整无缺。知序文由范大冲撰于万历十九年,并由作者手书上版,文末刻"大冲"、"范氏子受"、"金峨玉几山房"三印章。欣喜之余,即抄录全文,存于箧笥。今阅线装书局影印《范氏奇书》,其中《新语》卷首序文,自第三页"特付剞劂"特字以下文字仍残缺未补,故移录全文如下,以存文献:

> 陆生汉初异人也。其人何以异?而稽其言与行,人异甚矣。方汉祖龙兴于沛上,若萧、曹以刀笔,张、陈以智谋,勃、婴以织贩,布、哙以屠豨,凡有一技一能者,靡不各聘所长,以赴攀龙附凤之会,而竟得名垂竹帛,勋列鼎彝,何伟伟也。斯时也,陆生安在哉?渊潜豹隐,相时而出,不驱驰于草昧勠勤之时,而乃伏齿颊于泰定康靖之日,"马上得之治之"之一语,足开卯金刀溺冠之颟蒙,故特命一一录奏,辄以《新语》目之。其语异矣,而非异人能之乎,此语其语也。若出使南越,和谐将相,戮吕氏,定汉鼎之数百年如泰山碧石而不动声色,行更何异也。足此知萧、曹、张、陈辈均当在其下风矣。吾先大人喜其语,录置左右,兹不肖检阅残编,特付剞劂,仰承先志云尔。时万历辛卯夏日,光禄署丞范大冲子受甫书于天一阁中。

《范氏奇书》在明人书目中首称《范氏二十种奇书》,是经天一阁主人范钦校订的一部丛书,经数百年沧桑,至今二十种全者已不可见。2007 年 9 月,北京线装书局影印的《范氏奇书》,号称足本,其实有一种《虎钤经》非天一阁刻本,更非经范钦校订的奇书本,如此胡乱凑合,不免有张冠李戴、以假乱真之嫌。

此外还有一件关于天一阁刻书的轶事,据明余寅《五国故事》一书题记:"五国故事一篇,不知辑者谁氏,郑迪功《通志》尝列之霸史。吾鄞少司马范公建天一阁,多藏书,此盖锁品之一……范司马喜刻古书,此编已入丹格,未及梓而殁,余乃序而存之,余寅题。"不知此书范大冲为何未续刻,而流入余家。余寅字君房,改字僧杲,鄞县人,万历八年(1580)进士。范钦有《送君房应诏公车》、《余君房偕闻杨二子偶过湖上》等诗。① 范、余二人似为忘年交。

五、范光文增构池亭

范光文字耿仲,号潞公,范钦之曾孙,清顺治三年(1646)举人,顺治六年(1649)进士,钦点传胪。所任官职,史料记载稍有不同,据范光文撰《宁郡侯杨公祷雨触龙救民异政记》碑,自署:"赐进士吏部考功清吏司主事前奉命陕西典试礼部祠祭司主事。"碑文写于顺治十一年(1654)九月,由此推测,此前他已致仕归里了。同里史大成有《范潞公去官归里》诗云:"山色故园好,妒君归及春。诗从携杖得,名以去官真。林笋甘于密,湖莼绿似苹。试看署纸尾,谁不叹风尘。"②作者亦未记此诗的写作时间。

范光文是继范钦之后的又一位进士,对于天一阁藏书文化的传承与发展作出过积极贡献,尤其是修筑假山,增构池亭,对于营造天一阁清幽的读书环境起了很好的作用。书楼坐北朝南,前后

---

① 明范钦《天一阁集》卷八、卷九。
② 清董沛《四明清诗略》卷一。

均有假山园林。阁后筑石砌三级长条形花坛,花坛之北为"一"字形大假山。假山构造简朴,东西两旁设石阶,可以上下,中部有山洞,南北贯通。山上山下,杂树丛生。山后东首有一小曲池。阁前过平台为天一池,池北建石栏,池东、南、西筑假山,环植竹木,外有围墙。假山结构精巧,高低错落,山路蜿蜒曲折,山石相传有"九狮一象"之状。东边高地建一方亭,亭中设石桌石凳,面阁石柱上刻:"开径望三益,高谭玩四时"联句。西边临水处原建一茅亭,民国重修时改建瓦亭,并在亭子西壁嵌丰坊临《兰亭集序》,题额兰亭。

天一阁前双亭,原无匾额,不知其名,所以习惯上称东亭、西亭。民国时重修,系合众之力,对于西亭改为兰亭,其实也有不同意见。1955 年 7 月 3 日,宁波市文物讨论会曾提到冯贞群先生的建议:"阁前两亭,据范邦□《天一阁七引》,西亭原名'漱润'(今改兰亭),东亭原名'揽胜',宜恢复旧名,以存古迹。"①

相传天一阁假山及亭子由范光文建于康熙四年(1665),见于文字的最早是 1959 年 9 月宁波市古物陈列所编印的天一阁说明书。说明书介绍天一阁藏书楼简史和新中国成立十年来的新发展、新面貌之后,记述:"假山也是一六六五年修建的,是宁波现有假山中最好的一座,艺术性极高。整个假山用石头、亭子等组成'畐(福)'、'禄'、'寿'三字,并有九狮一象等奇征。"此后数十年间均沿用此说。直至 2011 年,我校补《天一阁大事记》,才依据范光文《来青吟》诗序,把时间提早到顺治十二年(1655),同时注明"一说在康熙四年",以二说并存。

范光文《来青吟》诗序:"西郊百武而遥,辄有平畴远山。宸献侄依山结亭,累石成巘,悉收旁景,不知何者是邻。予(家)亦有天一阁,为曾大父司马公藏书所,今增构池亭,与宸献互分竹林之兴。乙未灯宵,同林用圭妹丈卜征舣舟郭外,因在宸献园中信宿为乐,

---

① 宁波市文物讨论会《会议记录》。

赋诗纪事,以志良晤,并寄彦曰耒青。"①乙未即顺治十二年
(1655),诗写作于此年,则"增构池亭"当在此年或稍前。

六、范光燮辟建西园

范光燮字友仲,又字鼎仍,光文之弟。清康熙十五年(1676)
恩贡,授嘉兴府学训导,曾捐资兴修希圣堂,以为讲学之地,培养人
才,成绩卓著。康熙二十五年(1686),迁升长治县丞,因病未赴任
即乞休归里。嘉兴府合郡乡绅公撰《希圣先生范公小传》,云:"吾
禾中大老及倾城名士祖道饯送,把盏挥泪,依依不舍,赋诗惜别,几
盈箱箧。"光燮在家乡"葺宗祠,置赡田,上妥先灵,泽被子姓,端方
不愧于前贤","葺天一阁诸屋,以安祖泽"。② 曾破戒引黄宗羲、李
邺嗣等学者登阁,并组织了一次传抄天一阁藏书的活动,是清代沟
通天一阁与学术界联系的第一人。唯有他建设西园一事,志传无
记载。

今天一阁西大门往西行百余步即至西园。清徐兆昺《四明谈
助》云:"范氏西园在司马第之西,背城面河。其河本自马牙漕末,
北通菱池,达社坛桥大河。自嘉靖间闻主事塞河后,遂为断港,今
如大池,横于西园门前。池上有洲,叠假山,古柏阴森,颇有幽趣。
园内前建佛堂,后列书屋,饶竹木蔬笋。康熙间范德化(正辂)为
母奉释所建。至今范氏奉释者每于此习静。"《四明谈助》成书于
道光三年(1823),西园旧迹今已不存。所谓西园由范正辂所建,
实系误传。范正辂字载瞻,范光燮之子,康熙五年(1666)举人,十
六年(1677)任秀水教谕,后任泉州德化知县,故文中称范德化。
天一阁藏有他纂修的《德化县志》数部。

---

① 清全祖望《续甬上耆旧诗》卷八十四。
② 康熙刻本《希圣先生范公小传》。

范光燮《希圣堂唱和诗》中有《希圣堂同天乐月下观梅因怀西园别业》诗,诗前短序是他建西园的明证。序云:"新构希圣堂,庭前杂莳花木,春来梅花特盛。因忆予天一阁后辟西园,绕屋栽梅,方池引水,每花放时坐卧园中,风递清香,波澄明月,老子于此,兴复不浅。别来数载,颇深念忆,因赋一章,示天乐。范光燮。"其诗云:"堂前明月光,映带湖天碧。喜与素心人,对境娱永夕。阶下植双梅,花开蒙月魄。清友入纤阿,胧胧泯形迹。空庭发幽香,虚室更生白。自怜薄宦身,良宵忘在客。久负故园春,脉脉生感惜。何时挂南帆,江山寻往昔。花影慰羁思,淋漓盈几席。"

《希圣堂同天乐月下观梅因怀西园别业》诗是作者在嘉兴任职数年后所作,可知天一阁西园在康熙十六年前已经建成。诗中记载了西园初创时的景象,也为我们恢复"绕屋栽梅,方池引水"的景观提供了依据。

据民国八年(1919)编《范氏支谱》,范光燮有三子,正辂分昌房,延辅分盛房,延奇分成房,成房无出。故民国二十一年(1932)《西园法云庵请书》说:"范府昌、盛房向有祖遗西园,系族之坤道年高者清静修养之处,即俗呼法云庵。"①可证自正辂、延辅以后,西园被作为范氏奉释者习静之所。

七、早年阁书之构成

清康熙间抄本《天一阁书目》是现存最早的天一阁藏书目录。在这部书目发现之前,人们仅据民国八年(1919)《范氏支谱》的记载,得知明兵部右侍郎范钦"构天一阁,藏书七万余卷"。自二十世纪六十年代以来,陆续访得这部书目的漫堂抄本和介夫抄本的传录本,才明了天一阁早期藏书的具体实况。我在 1993 年中华书

---

① 稿本《西园法云庵请书》。

局出版的《天一阁丛谈》一书中,对这部书目的分类情况,时代特征,原本的编制时间,以及两种抄本异同等有简要叙述。现在再用统计分析法来揭示天一阁早年的藏书构成与收藏重点。

漫堂抄本比介夫抄本的抄录时间早,收书多五百余种,所以这里以漫堂抄本的著录为依据,按卷首"分类总录"的目次和正文编排顺序来作统计。这部书目著录内容比较简约,每一条目只记载书名和本数。因有的书籍复本在著录时另列一条目,所以统计之数不称种而称部。又因书籍数量既称"本"又称"册、套",互相之间概念不清,如"五伦书一套十本,又一册十八本","礼记集说二套","诗经集注一套四本,又二册各六本","五代史一册,又一套"等,所以凡少数不记"本"只记"册"或"套"的,概作本计。数量失载之书均以一本计。

书目卷首"分类总录"把全部藏书分为三十六类,但其中释家类,在正文中既无类目亦无书目,所以实际只有三十五类。兹依次计述如下:

制书类:六十四部,三百七十四本。多收明代制书,而且"皇明"、"大明"照录未改。

诸经类:一百六十二部,四百九十四本。有易,书,诗、礼,孝经,春秋,尔雅等。

四书类:二十三部,八十九本。

史　类:二百六十二部,二千零三十九本。其中有《皇明本纪》、《皇明帝后纪略》、《明史遗忘》等书。

实录类:二十二部,一百七十四本。多明实录。

志　类:六百五十九部,二千五百九十三本。其中总志与方志混合编排,有四百九十部,二千一百六十七本。专志分山川,祠宇,宅里,书院,衙宇,关津,边塞,裔夷,有一百六十九部,四百二十六本。

经济类:二百三十五部,七百五十四本。分二次著录,先录一百九十四部,后在出使类之下补录四十一部。

官制类:七部,二十三本。

出使类:五部,五本。

奏议类:一百六十五部,七百十三本。

兵家类:四十九部,一百三十五本。有《兵部见行事例》、《南京兵部营规》、《南京兵部重刊行军须知》等书。

刑名类:六十部,一百五十四本。有《武定侯招》、《宸濠招》、《鲁府招》等书。

儒家类:八十九部,二百六十三本。含小学、童蒙读物。

释家类:书目失载。

道家类:二百四十七部,四百零八本。

子书类:四十四部,一百二十三本。多杂家书。

集 类:一千零九十七部,二千九百十七本。收诗文别集,是数量最多的一类。

选诗类:三百八十九部,一千二百三十三本。收诗总集,诗话。

古文类:一百二十七部,一千一百三十九本。收文总集,文论。

类书类:四十四部,六百零六本。其中著名的《三才广志》有二百三十九本,是藏书中本数最多的一部。

词曲类:四十六部,六十二本。

策论表赋类:五十一部,一百三十一本。

小说类:三百二十一部,五百八十本。含杂著,笔谈,杂记,随笔等。

礼乐类:十七部,四十六本。

博古类:二十九部,四十三本。

阴骘类:十六部,三十四本。收劝善书等。

天文类:一百七十七部,三百六十本。正文作天文历数,包括占候,卜筮,太乙。

杂技类:十三部,六十五本。如《琴史》、《围棋谱》、《剑经》、《六艺纲目》等。

书画类:五十九部,一百二十本。

地理类:六十部,一百五十八本。收风水,堪舆,宅经,葬经等。

医学类:一百八十六部,四百九十一本。

星相类:十九部,二十二本。

农家类:十四部,二十五本。

人物类:一百五十六部,三百六十五本。含列传,遗事,逸事,图像,言行录,登科考,题名录等。

姓氏类:四部,十一本。此类书最少,实际只有《氏族大全》、《千字姓》、《姓源珠玑》三种,后一种有复本。

列传类:一百十种,一百五十一本。收年谱,家乘,墓志等。

以上总计五千零二十八部,一万六千九百本。从全书著录的内容可知,天一阁藏书兼收并蓄,重点保存了明代政书、志书和诗文别集等明代文献。又从失载的释家类书籍和未收录的明代进士登科录、会试录、乡试录、武举录、武乡试录等科举录文献可知,上述数据反映的不是天一阁藏书的全部,实际收藏量比书目记录的要多。

八、书目外篇和外编

沧桑天一阁,藏书多劫难,尤其是在民国初年,书籍大量失窃。此后引起文教学术界人士的关注,始有天一阁书目《外篇》和《外编》之议。

民国二十二年(1933)七月,北平图书馆编纂委员赵万里以中央研究院和北平图书馆双方特派的名义,为重整天一阁藏书事与范氏相约,自二十五日起以一星期为限开阁观书。在此期间,所有陪同管理的范氏族人膳食费都由赵万里负责筹款担任。宁波文化教育界人士马隅卿、冯孟颛、朱赞卿、杨鞠庭等都来帮忙编目。赵万里在《重整天一阁藏书记略》一文中说:"这个重整天一阁现存书目,我预备叫它作《内篇》,此外还有一个叫《外篇》,附在《内篇》之后,《外篇》是将历次散落在外的书作一次总结账。"又说:"编辑天一阁外现存书目是刻不容缓的事,我打算《外篇》与《内篇》一同印行。"可知《外篇》是记载现存天一阁散出书籍的目录。

民国二十四年(1935)九月,重修天一阁工程基本竣工,鄞县文献委员会委员长冯贞群登阁编目,"侍郎裔孙盈藻、若鹏相助为理,残编断简,纷如乱丝,拂尘去蠹,聚散为整,阅时六月,而排比始竟",①称《鄞范氏天一阁书目内编》,民国二十九年(1940)重修天一阁委员会用活字印行,线装四册。此目凡例云:"流出之本拟次《外编》。"可知《外编》是记载全部天一阁流出书籍的目录。冯目《内编》校排之时,正值全国人民抗日战争时期,不久,天一阁藏书外迁,书目《外编》也就搁置不议了。

1961年9月10日,我受宁波市文物管理委员会之邀,专访伏跗室冯贞群先生,商议《天一阁书目外编》相关事宜。因先生年事已高,且患病,不能做具体工作,所以,我去伏跗室,在先生指导下,从事此项工作达半年之久。那时的主要工作是通过现存乾嘉以来天一阁藏书目录之间的互校,来查清近二百年间散出书籍的书名、卷数、著者、版本等情况。这几种旧目是:佚名人编《四明天一阁藏书目录》二册,玉简斋丛书本。嘉庆十三年(1808)阮元等编《天一阁书目》十卷补遗一卷范氏著作一卷,刻本。道光二十七年(1847)刘喜海编《天一阁见存书目》十二卷,抄本。光绪十年(1884)薛福成等重编《天一阁见存书目》四卷首末二卷,刻本。民

---

① 冯贞群《鄞范氏天一阁书目内编序》。

国十七年(1928)林集虚编《目睹天一阁书录》四卷附录一卷,活字本。民国二十五年(1936)杨铁夫编《重编宁波范氏天一阁图书目录》,油印本。上述旧目著录之书,减去冯目《内编》所录现存之书,即为散出书目《外编》的基础材料,再从《康熙中传抄天一阁书目》、《通志堂经解》、《经义考》等其他文献的记载中辑录有关资料加以补充,形成初稿。

上述旧目除了清代禁书没有记载外,又被编目者随意删弃了一部分,因此这些书目都不能完整地反映当时的藏书情况。在书目《外编》定稿前,尚须继续查找乾嘉以前的旧目和调查散出书的现存情况。由于这是一项长期的工作,所以半年以后,我就离开了伏跗室。

次年,我调入宁波市文物管理委员会工作,首先想到的是赵万里先生的《外篇》,即以文管会名义函询。赵先生函复云:"三十多年前,我曾计划编辑《天一阁现存书目》和《天一阁目外书目》,随作随辍,迄未定稿。其后放置木箱内,虫伤鼠啮,不可复问。经多次迁移,现已无法寻找,想已为人认为废纸随手丢掉矣。此稿内容,因事隔多年,已记忆不清,蒙来函提及,实深惶憾。"闻之深感惋惜。

1964年秋,我对天一阁藏书作了一次清点,更以宁波市文管会名义致函国内二十余所图书馆,调查天一阁藏书散存情况。承大多数图书馆的热情支持,认真查找并及时函复,使我们获得宝贵资料。有的单位藏书多,过去没有留意,一时无从着手。有的单位不知天一阁旧藏特征和流散过程,天一阁藏书极大多数又不盖藏书印,鉴别不易。所以发现有天一阁旧藏并提供书目的仅六家:北京图书馆十六种,上海图书馆十种,浙江图书馆四种,湖南图书馆一种,甘肃省图书馆二种,中山大学图书馆二种,共三十五种。此外,函复"无收藏"或"未发现"的有十五家。总之,不论有藏或无藏,都是重要的历史信息。

　　同样是在 1964 年，我从文物出版社新出版的《西谛书目》中，得知藏有清康熙间宋氏漫堂抄本《天一阁书目》不分卷一册。不久，在北京图书馆善本部帮助下，代录了传抄本。"文革"以后，又在一次中国古籍善本书目编纂会议上，得知北京图书馆还藏有另一种清康熙间介夫抄本《天一阁书目》。经多次联系，因无人代抄，又不准做静电复制，所以，至 1982 年才获得介夫抄本的胶卷。此后，由在天一阁协助工作的余湘先生从胶卷阅读机上录写抄本。接着，又请他对有关书目作了互校，并抄录一套卡片。我原计划以康熙抄本书目为主，重编《天一阁书目外编》，终因种种事忙，无暇顾及。退休之时，只好把资料存放档案室，有待接班的后贤们能把它作为天一阁基础研究工作之一，圆满完成之。

（2015 年撰文）

天一阁藏书首次出阁展

　　天一阁藏书首次出阁展览是天一阁开始进入公私共管时期的重要标志之一。

　　民国二十五年（1936）浙江省立图书馆举办浙江省文献展览会，"网罗多珍，蔚为大观"。其陈列物品依类分为十二陈列室：一、乡贤遗书，有稿本、抄本、校本，明以前旧刻本，计一千一百十九种。二、选举文献、书院文献、档案、乡贤遗像。三、刻书文献、藏书文献、郡邑丛书、乡贤汇传、金石志艺文志、藏家遗像。四、浙江方志。五至六，乡贤字画，有册页、立轴、手卷。七、本省窑址出土陶瓷。八、金石拓片。九、乡贤遗物或手制珍玩。十、灵峰精舍礼乐器和王阳明七代遗像。十一、民族革命文献。十二、畲族文献。此次展出文献不仅数量多，内容丰富，而且精品荟萃，影响深远。展品来源除省馆外，多向各地公私藏家借集。宁波范氏天一阁，张氏约园，冯氏伏跗室，朱氏别宥斋，秦氏抹云楼，张伯岸等著名藏家也都纷纷响应。①

　　天一阁不同于近现代藏书之家，属范氏子孙共有共管，数百年来代不分书，书不出阁。不过当年的情况也不同于以往，那时鄞县文献委员会发起募款维修天一阁，工程已接近尾声，藏书的整理编目工作正在进行，天一阁处于公私共管的状态。因此，鄞县文献委员会与重修天一阁委员会中范氏六委员商议，才有可

----

① 民国二十五年《文澜阁学报》第二卷第三、四期合刊《浙江省文献展览会专载》。

能同意藏书出阁展览。其实,藏书与大众见面,也是范氏对社会的应有回报。

天一阁选展的古籍,鄞县文献委员会有目录详记书名、卷数、版本和册数。为避免烦琐,这里不具体引录。今初步统计,有明代浙江地方志二十四种,九十三册;明代进士登科录四十种,四十三册;明代会试录三十六种,三十六册;明代浙江乡试录二十种,二十册;其他古籍六种十四册。共计一百二十六种,二百零六册。除元程端学撰《春秋本义》二册为元刻本外,其余均是明刻本或明抄本。同时送展的还有明天一阁主人范钦画像一轴。全部展品由范氏派员送省,回阁后,范钦十三世孙范鹿其在目录后题记:"民国二十五年十月二十九日,浙江省开文献展览会,公推鹿其送书赴省展览,于十一月十九日展览毕,原书专(回)甬,由多珍、吉卿、康龄、宝根、盈汶公同检点无讹,仍珍藏阁中,此序。"范多珍也在目录装订线旁补题云:"送到杭州,十一月二十二日来阁。范多珍检藏清(亲)笔。"目录每二页间骑缝处钤"鄞县文献委员会钤记"朱文大方印。藏书进出库房,手续堪称完备。

关于天一阁藏书的管理,清乾隆年间任鄞县知县的钱维乔在《日湖访古录》中已有记述:"范侍郎(钦)善聚书,于宅东起天一阁贮之,戒子孙不得分析,亦不许携至私室,管钥令房长一人司之,赏客欲观者引之登阁,子姓数人接待竟日无失礼。阁中书籍不得借出,其慎重如此,而子孙亦恪守其法弗替,阅二百年完好无恙,海内言藏书者以天一阁为第一。"[①]藏书只供阁内阅览不得外借的制度,一直延续至今,并为一些公私藏家所仿效。尤其是公共图书馆,古籍外借不但容易丢失,而且较长时间为个人占用,无疑会影响其他读者的阅读,所以原本古籍一般都不外借。

---

① 乾隆《鄞县志》卷二十七。

在省文献展览会开幕前一个月,鄞县已举行文献展览会,其时天一阁藏书只在阁内展出。所以天一阁藏书由省文献展览会借展,才是天一阁藏书首次出阁展览。

(2014 年撰文)

天一阁避寇迁书史实

抗日战争时期，天一阁藏书为避日机轰炸与日寇侵夺，曾外迁至鄞县、龙泉县乡村，前后历时近十年，是天一阁现代藏书史上的大事。此事当年秘密进行，知者甚少；其间分为两个阶段，因人事变更，知者所知亦不免存在局限。笔者试择有关档案记录及调查史料，把它链接起来，使其成为较完整的记忆。

（一）

"七·七"卢沟桥事变，日本全面侵华战争爆发。八月十三日，日军又把战火烧到上海。八月十六日，日机首次空袭宁波栎社机场，浙东告急。这时，天一阁由包括范氏在内的重修天一阁委员会负责管理。我们可以从保存至今的该委员会会议记录中，得悉天一阁战备情况。

民国二十六年(1937)八月十五日，重修天一阁委员会召开第二十四次会议，因"外侮紧迫，文化机关尤多危险，决定天一阁书籍运寄他处，以资安全"。十七日，天一阁所藏全部明代地方志、登科录以及其他善本四十五种，《平定回部得胜图》，《历代圣贤画像抚本》，《二范公画像临本》，装成三箱，依议置月湖碧沚范氏祠堂。不料附近住军队，"烟火堪虞"，遂于八月三十一日，移至鄞西茅草漕眺头范大冲墓庄(光禄庄)暂存，并推范吉卿负责管理。不久范吉卿去世，于同年十一月九日始由范若鹏管理。

二十八年(1939)一月五日，重修天一阁委员会第二十六次会议决定："前移藏眺头光禄庄书籍三箱仍旧不动，再择阁中明以前版本及抄本,仿前式装箱移藏茅山司马庄。"十二日,将书籍分装八大箱一皮箱,于下午雇八官船装运,十三日晨到达鄞南茅山范钦墓庄(归云庄),由范鹿其与该庄管理人茅兴国负责管理。

同年四月七日,重修天一阁委员会召开第二十七次会议,到会委员虽仅陈宝麟、冯贞群、叶谦谅(臧禹谟代)、范若鹏、范鹿其、范盈汶六人,但浙江省教育厅和省立图书馆均派员列席。会议讨论"奉教育部令,天一阁藏书由范氏自行觅藏,仍虑未妥。战期内,应由教育厅代为迁移保管,战后负责交还。由厅觅定浙南龙泉安全地点妥藏等因,应如何办理案",除决议"遵办"外,即采取如下具体做法:"(一)已移存乡间之书两处共十一箱,同时原箱加封起运,运到储藏地后,会同点查。(二)阁中之书应运者由厅委周、史两先生及本会冯委员孟颛(贞群)、范氏代表会同决定,点明后装箱,同时起运,并于运到储藏地后复查。(三)起运时用县政府封条,并由经办各员会同签字。(四)目录即用此次所印目录,装订六份,凡移藏之书,均于书目之上加盖特制小戳(文曰:二十八年四月运藏龙泉),加盖完毕后会同小戳密封,存教育厅保管。(五)目录六份,分存教育部、教育厅、省立图书馆、县政府、文献委员会、范氏房长。(六)押运人员除省委(派)外,并由文献委员会派员及范氏代表各一人办理之。(七)装运川旅各费均由省方负担。(八)范氏派住储藏地看管之代表,月支公费三十元,膳宿生活费一应在内,自四月份起支,并先请省厅预支两个月。(九)定四月十二日用船运到横涨,候车接运,先运至永康,次由永康再运至龙泉,预定至十八日藏事。(十)眺头藏书由范若鹏、施永绚,茅山藏书由范鹿其、教育科代表一人,阁内藏书由省委(派)及范氏代表一人会同押运至横涨。"

天一阁最后一批书籍离阁迁往龙泉,标志重修天一阁委员会管理天一阁藏书的责任已交由省"教育厅代为迁移保管",具体业务实由省立图书馆办理。时任鄞县文献委员会委员长兼重修天一阁委员会交际主任的冯孟颛先生有记云:"二十八年四月,奉教育部令,将所藏宋元明抄本(等)分装二十八箱,由办事员施永绚偕教育厅特派员周凯旋,浙江图书馆员史美诚公同运至龙泉山中秘密保存之,范氏派其后裔召南常住管理之,其薪给由浙江图书馆发给之,曾经呈报在案。"①

上述史料披露较晚,此前,我在续写《天一阁史话》时,据传说,以为天一阁藏书运往龙泉是在"宁波沦陷前一年",所以记作"一九四〇年"。显然,这与史实不符。② 又如,《浙江省图书馆志》把"浙江省立图书馆将范氏天一阁藏书护运龙泉县代为保管"的时间记作"一九三八年一月",亦系误传。③

(二)

天一阁藏书转移去龙泉的经过情形,周凯旋先生撰《抢运天一阁藏书追记》一文有详细叙述,惟时隔多年,所记日期可能有误。其文略云:"民国二十八年八月中旬,陈布雷先生自渝电教厅,请许厅长(绍棣先生)从速抢运范氏天一阁藏书,所需费用,如教厅无款支付时,可向省府请款。并另电其介弟陈训慈先生(时任省立图书馆馆长)协同抢运(二电电文大意如此)。许厅长即召开会议,并邀请陈馆长参加,陈氏偕该馆组长史美诚兄与会,予亦列席报告在鄞洽谈经过。当经决议推陈馆长草拟计划,派余及史美诚兄主持其事。八月下旬,余与美诚兄首途赴鄞。九月一日,即分别进行,六日后,各项工作已大致就绪,即电请教厅派大卡车至奉化溪口接运。是晚,已全部装船(鄞奉间桥梁有炸断者,汽车已不能通

---

① 冯贞群《鄞风集》,稿本。

② 骆兆平《天一阁丛谈》第七页,1993 年 3 月中华书局出版。

③ 浙江省图书馆志编纂委员会《浙江省图书馆志·大事记》,1994 年 11 月中国书籍出版社版。

行),约三十大箱,叶局长及范鹿其君等,均至灵江桥畔送行。江潮
涨时,船即启碇,翌晨,船至溪口附近,厅车已在等候,即搬运上车,
并电告许厅长。当晚至丽水,车停南明山下省立图书馆傍,许厅
长、林主任秘书、张科长及陈馆长等,均来查视,浏览抢运书目,并
致慰问。次晨,由美诚兄与随行之范氏后裔,押运至龙泉预定地点
保存,余则回厅工作。"①

　　龙泉县位于浙江省西南部,浙闽边境,境内多山,俗称"九山半
水半分田",又有"浙南林海"之美誉。群峦叠翠,流泉惊瀑,为瓯
江、闽江、钱塘江三江之源头。县城在境域中部,四面环山,蒋秦二
溪在城西合流,分城区为水南与水北,中有济川桥可通。"1937 年
12 月,省城杭州沦陷,龙泉成了浙江抗战的后方,大批机关单位纷
纷内迁,先后迁到龙泉的国民党军政机关达三、四十个。"②

　　浙江省立图书馆所藏文澜阁《四库全书》及善本书,早在杭城
沦陷前迁出,八月至富阳,十月至建德,次年一月至龙泉。不久"阁
书迁黔之议决,善本仍留龙泉"。③ 此后,战时天一阁藏书迁至龙
泉的决策也是在陈训慈馆长等有识之士推动下促成的。省立图书
馆在抢运、保护、管理、运回天一阁藏书中作出了重大贡献。陈训
慈先生曾在我们起稿的《我国现存最古的藏书楼天一阁》一文中
增加了第七章"避寇迁书复还阁",补写了这段历史,其文略云:
"天一阁修建全部落成,实已进入一九三七年。就在这一年芦沟炮
响,掀起了我国民族抗日战争。为防免敌人侵战中的破坏,宁波社
会人士,以宁波地处沿海前线,早有主张天一阁古籍也应迁地为

　　① 周凯旋《抢运天一阁藏书追记》,载 1984 年 8 月台湾《宁波同乡》第
八期。
　　② 中共龙泉市委党史研究室《龙泉人民革命史》第三章,1995 年 7
月印。
　　③ 毛春翔《文澜阁〈四库全书〉战时播迁纪略》,载 1947 年《图书展望》
复刊第三期。

妥。浙江图书馆在把馆藏运保于浙南之后,也派员来甬推动,而范氏子孙拒不同意天一阁书迁出宁波境外。此后浙东宁绍一带暂见安定,浙图再次向教育部详陈天一阁早已由公家管理,请由部令鄞县府准将阁书运藏龙泉。图书馆派员至甬,并经当时鄞县县长宣导范氏族中长老,说明宁波不安全,战事终了书必运回原藏,并可由范裔推介一人随书保管。这已是一九三九年二月以后,于是由浙馆人员会同鄞文献会循目抢出阁书九千零八十八册,装箱用卡车运至浙南龙泉县福泽乡的砒石村,租屋存藏,即由范氏推定之范召南会同管理。此项运费与战时管理员工薪各用由部支给(当时浙教厅不过问,亦不供经费),浙馆运藏砒石与附近山村保藏运出图书的管理员,并与范互相照顾合作。"①

回顾书去龙泉后的天一阁,重修天一阁委员会原定编制书目的任务尚未完成。冯贞群先生在"倭寇窥鄞,警报日闻"的处境下,"伏处危城,校印斯目",终于赶在宁波沦陷前将《鄞范氏天一阁书目内编》铅印问世。民国三十年(1941)四月十二日,宁波沦陷。同年六月二十三日,重修天一阁委员会将所有银钱、书帖、文卷、器具移交天一阁范氏。"在沦陷时期,天一阁无人肯看守,范氏族人公推范盈淮住于阁东小屋以资管理。但范氏衰落益甚,不能支付范盈淮生活费,由他自作摊贩,并种菜于阁后余地以度日。"②

天一阁书去楼空,只留下少量清末以来增藏的通行本。宁波沦陷时期,伪浙东行政公署行政长官沈尔乔在《天一阁谈往》文末说:"壬午(1942)夏,余奉命来长是邦,抵任未久,闻天一阁藏书有被人偷窃情事,当即饬夏秘书郁文前往勘看,并饬警局严行究诘,始得追还赃物赃书。十月某假日曾亲往察视,始知全部典籍在事

① 骆兆平、洪可尧、袁元龙《我国现存最古的藏书楼天一阁》,陈训慈校正,载 1985 年 1 月《浙江文史资料选辑》第二十八期。

② 马涯民《天一阁记》,稿本。

变时已亡佚无几,所存者仅书目版片零星图籍而已,不意数百年来之浙东宝贵文献,一旦散失,能不惋惜。"①由此可以反证,那时天一阁藏书外运的保密工作是做得不错的。

(三)

在纪念抗日战争胜利六十一周年之际,我与同事贺宇红、《宁波日报》记者李广华于 2006 年 11 月 18 日专车去龙泉,寻访当年天一阁藏书存放处所。是日小雨,八时半出发,中午在丽水作短暂停留。自丽水至龙泉的山间公路有多处正在维修,道路泥泞,路况极差,车到龙泉,已近傍晚。可以想见当年用卡车运书之艰难。

龙泉今已建市。次日,我们与龙泉市博物馆进行业务交流,参观了龙泉窑青瓷陈列和大窑遗址。二十日,在市博物馆郑吉水先生陪同下,先去档案馆,再去中共龙泉市委党史研究室与龙泉市地方志办公室。办公室卢书田主任知道我们的来意后,便提供一本《龙泉文史资料》,上载李世家先生遗著《抗战期间存藏龙泉的四库全书和天一阁藏书》一文,文中记述书到龙泉后的情形:"天一阁藏书运来龙泉时间是一九三九年初。……由浙图人员会同鄞县文献会循目抢出阁书计九千零八十册,装箱用卡车运到龙泉城镇。为了避免日机轰炸,水火灾害,和流动小偷的盗窃,确保阁书的安全,乃决定将藏书雇工肩挑、扛抬运城郊区砥石村(当时该村未通汽车)。存放在该村对面的一座寺庙里,寺庙四周无民房,地势高燥阴凉,除图书管理人员,还派有士兵驻守保护,外人不得随意出入。"②

---

①　沈尔乔《天一阁谈往》,载 1943 年 5 月《古今半月刊》第二十三期。

②　李世家《抗战期间存藏龙泉的四库全书和天一阁藏书》,载 1987 年 10 月《龙泉文史资料》第六辑。

　　我们怀着书藏古庙的想象,驱车去磁石。磁石位于县城之东,故称东乡,其地四面环山,今建制为磁石乡。我们于中午到达,受到乡政府和季边村、项坊村干部的热情接待。乡政府宣教负责人卓翠华、文化员刘丽芬还提供了一份半年前的调查资料。原来,磁石村没有寺庙,调查资料记录:"书籍分别藏在季边村金家祠堂,项坊村仓库,沈边新仓库,林坊祠堂。藏书的四个地点四周不靠近民房,地势干燥阴凉。"显然,这四处所藏包括浙江省立图书馆的藏书。老人们回忆当年管理藏书的除范召南外,还有杨、汪、俞等几位工作人员,这与陈训慈先生前文所述可印证。

　　经实地观察,四个藏书点分散于四个自然村。沈边村的叶家新仓库依旧保存大门和旁边围墙,门楣上矗立着气派的马头墙,中间"紫气东来"四字清晰可见,可是里面房屋大多已被拆除,改为菜园。项坊村的蔡家仓库已改建起一座粉色二层小楼。南弄村的林坊祠堂早已被拆除,遗址地基边有一条小溪静静地流过。季边村的金家祠堂已分给农户,一部分改变了原状,进门是天井,还可看到部分木结构构件上有精细雕刻,如若参照残存部分的式样,尚可进行修复。

　　乡政府工作人员还找来几位健在的亲历者,从他们断续的回忆中,使我们了解到关于运书、护书方面的细节。当年县城至磁石没有公路,步行要翻过几百米高的磁石岭,山路崎岖,运输物资靠肩挑。吴马根老人记得书箱从县城西街码头一座大屋里抬出来,书箱有八仙桌大,要四个人抬,抬到磁石岭,上面有个亭子,可以歇脚,行进很慢,一天只能抬一次,他抬过五次。刘长琨老人说,在金家祠堂放有好多箱书,书箱填脚架的脚下各放一个小碗,碗里放着桐油,这样可以防止虫子爬上来。赖水根老人到金家祠堂帮忙晒过书,晒书时在天井里或空地上搭起竹架子,书籍就晾晒于架子上。当我们问及藏书点是否有士兵守护时,在场的老人们都说"没有",看来"派兵驻守"之说也是一种误传。

　　天一阁藏书存放龙泉砝石达八年之久。龙泉人民为保护民族文化遗产作了贡献,也为天一阁藏书史增添了难忘的一页。

(2015 年撰文)

古物陈列所与天一阁

在天一阁历史研究中,有的学者把鄞县古物陈列所与天一阁藏书楼混为一谈。比较有代表性的是说:"至民国,范氏中落,族人星散,家道艰涩,何惠及阁。时有热心文人如慈溪冯孟颛先生,仗义振奋,收拾残局,修缮构架,清理典籍,并建立鄞县古物陈列所,天一阁遂由私家书楼而拓展为公共博物馆,收藏从典籍推广至器物、字画。"①其所举之人与事多与史实不相符。

(一)

据民国《鄞县通志》记载,鄞县古物陈列所为旧宁波府学习乐公所改组,民国二十一年(1932)七月成立,所址在府学大成殿。编制仅管理员一人,经费由县政府拨给,其事业除古物征求、保管外,还要办理鄞县教育局临时委办事项。陈列古物亦多为府学所遗礼乐器,大抵制于同治末年,较古者惟县学移存一雍正编钟。市民可以在开放日前去自由参观,仅据成立次年统计,一年有观众六千人。从上述所记,可知鄞县古物陈列所是政府主管的文化事业单位。它的成立日期,比冯贞群(孟颛)先生任职的鄞县文献委员会早三个月,较社会各界组成重修天一阁委员会要早一年多。

宁波府学随府制废,民国十八年(1928),以其射圃改为体育场,次年,拆毁府学充运动场建设经费。二十四年(1935),把府学尊经阁及所有碑碣迁移至天一阁后假山之北,只剩下孤独的大成

---

① 襄因《天一阁藏画赏评序》,2001年12月宁波出版社版。

殿。二十五年(1936)八月十四日《时事公报》刊登一篇特写,题为《鄞县古物陈列所巡礼》,报道参观古物陈列所见闻,今日看来颇具史料价值。该文先记述大成殿建筑及其使用情况:"那房屋的盖造还在明代,建筑得非常富丽堂皇,十足表现出东方美。尤其是八根檰木的柱子,直径有二尺模样,柱上饰以彩色图案,柱子的石礩分做二层,上面的栋梁椽子,都是上好的木材雕琢的,留出许多空隙让空气流通,那工程够伟大了。……殿的西侧做了鄞县国术馆的办事处,东侧就是古物陈列所。"接着又记述陈列的文物:"祀孔的乐器有琴、瑟、笙、箫、篪、埙、钟、磬等。""祭器如俎、豆、爵、罇之类。"可与《鄞县通志》中《祭器目录》和《乐器目录》相印证。同时展出的还有三处新出土的古物,其中宋乾道二年(1166)四月《夏五四郎砌路记》碑,"拆除城墙时在盐仓门附近所掘得,本来由陈县长出五块钱买去的,后来该所得悉,就向陈县长转购得来"。原石今访之不得,仅存民国年间拓片一张。文中所记此碑出土时间和地点,可补史志之不足。

鄞县古物陈列所因经费不足,又经历多年战乱,故新增古物极少。抗日战争胜利后,直至民国三十八年(1949)二月十六日,《宁波日报》报导:"鄞县古物陈列所原设体育场内,县城沦陷时遭毁,致停顿迄今。兹县府已决予恢复,在天一阁筹备成立,委范鹿其为该所主任。"确切地说,该所设在天一阁后的尊经阁内。范鹿其是范钦十三世孙,他在后来的公文中自署古物陈列所负责人兼管天一阁。

(二)

尊经阁是宁波府学中的藏书楼,"珍藏经籍,训课士子"。宋绍兴间,有五经阁,明嘉靖中改名敬一亭。清乾隆九年(1744)重建,收藏"御制诸书暨十三经,佐以史、集、百家"。民国二十四年(1935)九月,"鄞县文献委员会迁尊经阁于天一阁后,改为思齐楼,以藏典籍".① 把尊经阁更名为"思齐楼"是重修天一阁委员会第二十二次会议通过的决议,意在"纪念重修天一阁诸委员及捐助诸君子"。只因知道更名的人很少,所以习惯上仍称之为尊经阁,然而在阁内设古物陈列所,显然有违迁建者的本意。

鄞县古物陈列所迁至尊经阁,只过了三个月,宁波宣告解放。人民政府接管后改为宁波市古物陈列所。

1950年《甬江上报》载:4月19日,在尊经阁内陈列的旧宁波府学礼器编磬十六只、特磬一只晚上被窃,翌日工作人员发现后报警,警方迅速侦破,追回全部赃物,其中编磬一只,因已被贼打碎,无法追回。

1951年9月,市文教局决定,将鄞县通志馆和原鄞县文献委员会书物并入市古物陈列所。原通志馆编纂主任马涯民被委为古物陈列所负责人,由此,古物陈列所增加了地方文献收藏,扩大了业务范围。

1952年,市文教局为依靠群众做好文物保护工作,特邀请社会贤达共同组成宁波市文物保护讨论会,于12月11日在市古物陈列所召开第一次会议,决定分为调查、鉴别、整理、保管四组。张延章、孙定观、林集虚、陈子实、杨菊庭、郁东明、月西、范鹿其八人为调查组成员。冯孟颙、陈子实、孙定观、郁东明、张葆灵、林集虚六人为鉴别组成员。此后,参加讨论会的人员略有增减。

次年,古物陈列所负责人马涯民、范鹿其编制《宁波古物陈列所兼管天一阁1953年度岁出预算表》,要求增加人员和经费,说明"现有职员二人职工一人,实不够分配,以致许多工作不能进行。最好添派职员一人,其一人主持领导,计划全局兼文书会计事务,一人做整理文物、登记、编目、写说明片等事务,一人做调查、接洽、运购文物、招待参观等事,职工做一切杂务"。同时提出征用民房

---

① 民国《鄞县通志·文献志》。

等所需经费,说"古物陈列所是借天一阁中余屋设立,所以员工无办公膳寝等室,阁中原有器物,在日寇侵占时,被抢劫、盗窃一空,现在所用器物,多由鄞县修志馆接收而来,但残缺不齐,亦有员工自备之物。今既由省方接管,必略加扩充整顿,使成一正式机构。西首民房一所,逼近天一阁,万一延烧,阁必毁灭,宜征用为公有,不但可免火灾,且可为员工办公寝膳等用"。当年,省、市文化部门拨款征购天一阁西首二层楼民房一幢,三间一弄,用作办公室。同时增加古物陈列所编制一人。

1955年11月20日,市文教局召开有关文物保护工作的扩大会议,宣布成立宁波市文物管理小组,由翁心惠、张星亮、洪水、马涯民、冯孟颛、张葆灵、朱赞卿、杨菊庭、郁东明、张延章、徐季子、沈曼卿、范鹿其共十三人组成,翁心惠副市长为组长,省文物管理委员会沙孟海出席会议并讲话。文物管理小组成立后,文物保护讨论会即行结束,办事机构仍是古物陈列所。

1956年,在浙江省文物管理委员会的支持下,于2月7日至16日举办了宁波出土文物展览会,展出省考古工作者在市郊祖关山、青林渡等处杭甬铁路工地出土的文物,展品有战国至明代的陶器、铜器、铁器、瓷器、玉饰、玛瑙、琥珀、琉璃、墓志等。地点借公园路第一幼儿园场地。①

1957年7月,市文化处决定,市古物陈列所历年收集与受赠的古籍交由宁波市图书馆整理后成立古籍部。市图书馆古籍部于次年元旦起借天一阁后面尊经阁对外开放,有古籍近十万卷,于五年后迁至图书馆药行街新址。

1960年6月18日,宁波市文物管理委员会成立,副市长周文祥兼主任,办公室仍设天一阁西首民房。市古物陈列所同时撤销,完成其历史使命。

---

① 宁波出土文物展览会编印《宁波出土文物展览会特刊》。

（三）

　　天一阁藏书楼是我国著名的历史文献宝库。周恩来总理"早在全国解放前夕,就指示解放军部队要注意保护全国各地的重要古建筑,并且在一次会议上明确指示南下大军要注意保护著名的宁波天一阁和吴兴嘉业堂藏书"。①　新中国成立之初,时任国家文物局局长和中央文化部副部长郑振铎两次到天一阁视察,并邀请宁波文化界人士进行座谈。1951 年 4 月来甬考察后,发表题为《关于"天一阁"藏书的数字统计》一文,②1956 年 4 月 14 日视察后,他对宁波市政府作了明确指示。17 日,翁心惠副市长在市文物管理小组会议上传达:"郑部长对于天一阁的意见,(一)与天一阁无关的东西,不要放在阁内,应恢复其原来式样。(二)古物陈列所藏的古物不多,又无珍品陈列,名称可以取消,或另立陈列室。"③当时,天一阁中厅及阁后廊下陈列着古物陈列所所藏祀孔礼器和乐器,供人参观,故郑副部长对古物陈列所与天一阁的文化定位作了明确界定。

　　天一阁藏书楼自范大冲之后,代不分书,家族共管,延续了数百年。民国 1933 年 10 月,成立重修天一阁委员会后,天一阁实行公私共管。解放后,随着土地改革,祀田制度被废除,范氏失去管理经费来源,便由政府接收公管。古物陈列所兼管天一阁,除负责日常管理外,凡政府拨款维修书楼、购回原藏图书、举办文献展览、接受捐赠等全由该所办理。

　　天一阁自重修天一阁委员会募款大修后,至解放初,还不到二

---

　　①　国家文物局理论组《缅怀周总理对文物考古工作的亲切关怀》,1977年《文物》第一期,同年 8 月文物出版社单行本。

　　②　1951 年 10 月 10 日《文物参考资料》二卷八期。

　　③　1956 年 4 月 17 日宁波市文物管理小组第三次会议记录。

十年,"楼上走道楼板动摇,须添配搁椾三条,楼下西首二间地板已霉烂蛀蚀,须改换"。"前后假山均将崩坠,游观时恐发生危险,前后水池日久淤积,应濬深。"①1956年8月5日,强台风登陆宁波市,天一阁多处漏水,墙垣、假山、树木均有损坏。故近十年间省市文化主管部门多次拨款进行维修,使其不倒不漏,保持原状。

新中国成立前,天一阁藏书屡遭窃劫,大多辗转流散。二十世纪五十年代,宁波市面上尚可见天一阁散出之书。在政府重视与有关人员共同努力下,自1954年至1959年,共购归原藏书三十九种,五百五十一卷。其中经部十种,一百六十三卷;史部十三种,二百十一卷;子部十三种,一百四十三卷;集部五种,三十八卷。同时还购归天一阁刻本范钦《奏议》卷三至四残本一册。原藏书的失而复得,在天一阁藏书史上留下值得称颂的一页。

新中国成立后,天一阁定期开放。藏书可供研究者阅览,但不得外借。同时向大专院校、科研单位、公共图书馆提供书目,协助传抄或拍摄古籍文献资料。1954年2月8日至14日,在天一阁内举办文物展览会,展出阁藏宋元刻本十二种,活字本二种,明抄本五种,明刻本三种,以及古物陈列所入藏的贝叶书一册。此外还有书板、碑帖刻石与拓本、塑(雕)像、画像等。天一阁观者云集,呈现一派新气象。

(2014年撰文)

---

① 马涯民、范鹿其《宁波古物陈列所兼管天一阁1953年度岁出预算表》。

郭老题天一阁诗笺注

1962 年 10 月 26 日、27 日，郭沫若先生连访天一阁藏书楼后，兴致勃发、挥毫题诗：

明州天一富藏书，福地瑯嬛信不虚。

历劫仅余五分一，至今犹有万卷余。

林泉清洁多奇石，楼阁清癯类硕儒。

地六成之逢解放，人民珍惜胜明珠。

郭老写完诗，细读一遍，觉得有个别字需要改动，于是又提笔用小字注上："第二行上余字乃存字误，第三行上清字乃雅字误。"郭老这种严肃认真的写作态度，使我们当时在场的同志都受到深刻的教育。

郭老视察天一阁已经十八年了，然而郭老的音容笑貌至今犹历历在目，难以忘怀。郭老知识博大精深，他的诗运用现实主义和浪漫主义相结合的创作方法，超越了前人题写天一阁的许多藏书纪事诗。为了更好学习和理解诗的内容，本文就有关史实和典故试释如下：

明州天一富藏书，福地瑯嬛信不虚

宁波古称明州，天一阁在宁波市月湖的西面，原是明兵部右侍郎范钦藏书的地方，创建于嘉靖四十年至四十五年间（1561—1566），距今已有四百多年，是我国现存历史最久的藏书楼。阁中原藏图书七万卷，多是明代的刻本、抄本，保存了丰富的历史文献资料。诗人来到这个古老的藏书楼，看到许多珍本秘籍，乐而忘返，仿佛已经置身于"瑯嬛福地"了。

"瑯嬛福地"是传说中仙人藏书的地方。故事见元伊世珍的《瑯嬛记》，其中说到古时候有个名叫张华的读书人"游于洞宫，遇一人于涂……其人议论超然，华颇内服，相与骓甚。因共至一处，大石中忽然有门，引华入数步，则别是天地，宫室嵯峨。引入一室中，陈书满架，其人曰：'此历代史也。'又至一室，则曰：'万国志也。'每室各有奇书……华历观诸室，书皆汉以前事，多所未闻者，如《三坟》《九邱》《梼杌》《春秋》亦皆在焉。华心乐之，欲赁住数十日，其人笑曰：'君痴矣! 此岂可赁地耶?'即命小童送出。华问地名，对曰：'瑯嬛福地也。'华甫出，门忽然自闭。华回视之，但见杂草藤萝绕石而生，石上苔藓亦合，初无缝隙，抚石徘徊久之，望石下拜而去……"

"瑯嬛福地"是一个虚构的故事，然而诗人非常巧妙地拿这一典故用来比喻现实中的天一阁，引起人们美好的联想，就极为形象而又生动地说明了天一阁是一个重要的文献宝库。

历劫仅存五分一，至今犹有万卷余

在旧社会，天一阁饱经忧患，受到贪官墨吏、帝国主义者和奸商小偷的盗窃。据冯贞群《鄞范氏天一阁书目内编序》记载：天一阁藏书大量散出就有五次："明清易代，稍有阙失，犹存其十之八，此一劫也。……清高宗开四库全书馆，侍郎八世孙懋柱秀才进呈阁书六百三十八种，采入四库，时有钞竣给还之谕，然为承办者擅留，此二劫也。……道光庚子，英吉利据宁波，掠取一统志、舆地书数十种而去，此三劫也。……咸丰辛酉，太平军下宁波府，游民毁阁后墙垣，潜运范氏藏书，贱售纸户。……此四劫也。……民国三年，偷儿薛继渭入阁盗书，丧失过半，越四年，书又遭窃，此五劫也。"藏书散出后,有的厄于兵火,有的甚至被当作造纸原料,令人十分痛惜。至解放时仅存一万三千余卷,只有原藏的五分之一。

这里,诗人在字里行间,充满着对旧社会任意糟蹋祖国文化遗产的愤懑心情。

林泉雅洁多奇石,楼阁清癯类硕儒

清癯:消瘦而又清逸的样子。宋梅尧臣有咏梅诗云:"玉骨绡裳谓太孤,天教飞雪伴清癯。"这里,郭老用拟人化的手法,把天一阁比作清逸而又饱学的大学问家,真是恰到好处。

天一阁藏书楼紧靠范钦住宅的东边,坐北朝南,六开间,上下二层,书籍就放在楼上,正中有明隆庆五年(1571)郡守王原相立的"宝书楼"匾额,楼下中厅悬挂着文人学士们题写的楹联。书楼占地面积二百七十余平方米,随着岁月的推移,建筑材料续有调换,民国年间重修,在楼上前后窗口外面加了一排保护性铁栅栏,楼下中厅藻井上加了七十八块彩漆描绘的正方形花板,但其基本结构仍然未变,外观亦不失端庄古朴的面貌。

阁前有一个池塘。相传清康熙四年(1665),范钦的曾孙范光文在池旁堆筑了假山。假山布局别致,结构精巧,山上重峦绵亘,高峰秀出,山径蜿蜒曲折,盘旋而上。用石块堆成的"九狮一象",介于似与不似之间,具有生动活泼的形状,而无挤轧争夺的俗态。池水的处理更为恰当,远望似有小溪自山间而来,近观如池水自脚底流过,池中山影倒悬,游鱼可数。山之高处有一座四方形古老的亭子,石柱上镌着晋陶渊明"开径望三益"的诗句,每当盛夏季节,这里浓荫蔽空,清风送凉。整个假山与书楼混成一体,林泉雅洁,是一个读书和讨论学问的好地方。

地六成之逢解放,人民珍惜胜明珠

地六成之:见清嘉庆十三年(1808)阮元"天一阁书目序",文章说:"藏书在阁之上,阁通六间为一,而以书橱间之,其下乃分六间,取天一生水,地六成之之义。"阮元所说的"天一生水,地六成之"出自《周易·系辞》郑康成注,原文是:"天一生水于北,地二生火于南,天三生木于东,地四生金于西,天五生土于中。阳无耦,阴无配,未得相成。地六成水于北,与天一并;天七成火于南,与地二并;地八成木于东,与天三并;天九成金于西,与地四并;地十成土于中,与天五并也。"范钦建造藏书楼的时候,以为天一生水,水能制火,可使书楼免于火灾,故以天一命名。所以郭老诗中说的"地六成之"就是指天一阁。

我们党和政府历来重视祖国文化遗产的保存,早在全国解放前夕,周恩来副主席就在一次会议上指示南下大军要保护好天一阁。解放以后,天一阁成为国家的一个藏书单位,专门设置了管理机构,整修了亭园,接待了许多来自各地的学者,为历史研究和科学研究提供资料。当郭老访问时,已经陆续收集散存在民间的天一阁原藏书一千余卷,并开始影印《天一阁藏明代地方志选刊》。一些地方藏书家看到政府对祖国文化遗产的重视,纷纷把自己珍藏多年的典籍捐献给天一阁,使天一阁藏书成倍增加。党和国家领导人刘少奇、薄一波等同志先后到阁视察。"人民珍惜胜明珠",这真是解放后天一阁重新焕发青春的生动写照。

(1980年撰文)

查检范氏天一阁藏书记

天一阁藏书的存佚，历来是人们关心的事。二十世纪三十年代，冯贞群编《鄞范氏天一阁书目内编》，在自序中创天一阁"五劫"之说。可是不久就有人撰《驳天一阁五劫文》。究其意见相左的原因，不外乎缺乏某一时期藏书遭劫的具体记载。如今，查清冯目以后天一阁藏书散佚情况，就成了我们的历史责任。

冯目编成于民国二十六年（1937）五月（越三载刊成），同年八月十七日起，天一阁藏书为避战祸，即开始转移出阁，最后于民国二十八年（1939）四月运往龙泉山区存藏。抗战胜利后，民国三十五年（1946）十二月藏书回归阁中。次年三月四日《时事公报》报道："三月一日起天一阁对外开放三天，公开展览，招待各界。天一阁楼下陈列《平定回部得胜图》及《历代帝王名臣图》，中间长桌有范文正公、袁忠献公遗像，手卷两旁放有珍贵书籍，楼上书橱大开，任人观览。"但是，阁书在外九年多，对归藏之书是否核查？有否缺失？均未见记述。

新中国成立后，国家文物局郑振铎局长视察了天一阁，并在1951年《文物参考资料》二卷七期上发表了一篇题为《关于天一阁藏书的数字统计》的文章，其中说到："倭乱之役，所失不多，据范氏后裔告诉我，只失去了方志两部。"然而浙江图书馆刘子亚在该馆1953年7月号馆刊上发表的《天一阁访问记》中却说："在此期间，损失方志四部二十八卷"。

直至1958年，管理天一阁藏书的范氏后裔范鹿其在离开天一阁前移交书籍时，与冯目作了核对。他在一张缺书清单上写着：

"鹿其于 1958 年 9 月间离开天一阁时,移交了全部天一阁藏书,经与边起鹰一同检查结果,计缺藏书二十五种。"其中所缺之明代地方志为嘉靖《雩都县志》二卷、嘉靖《茶陵州志》二卷、嘉靖《象山县志》十五卷、嘉靖《大埔县志》九卷。这四种方志合计二十八卷,总数与刘子亚文中所述相同。其他所缺二十一种之中,有一种《荣封双寿录》,系集范光燮其妻姚氏寿言,乾隆二十一年(1756)刻本,存阁复本较多,因清单重复著录二次,误作二种算。范鹿其还写道:"上述之缺书系在我负责期间及负责以前散失,与以后管理人员无涉。"

此后,管理天一阁藏书的工作人员先后有边起鹰、李崇武、邱嗣赋。1964 年 4 月,邱嗣赋因病需长期疗养,便把天一阁藏书交我管理。我们共同作了一次复查,发现范鹿其所列缺书清单中有十一种被找到,即:

资治通鉴纲目　元刻本卷四十八、四十九

风宪忠告一卷

御史箴集解一卷

　　(以上二书附于原存明嘉靖刻本申明宪纲二卷之后,三种合一册)

紫庭内秘诀修行法一卷

太上老君大存思图注诀一卷

上玄高真延寿赤书一卷

　　(以上三书附于原存明蓝丝阑抄本太上除三尸九虫保生经一卷,太上老君玄妙枕中内德神咒经一卷,黄廷遁甲缘身经一卷之后,六种合一册)

顺治三年丙戌科浙江乡试书一房同门录一卷　清顺治刻本一册

云山秘典无卷数

奇门三元歌阳阴遁歌八门九星定例歌

（以上二书　清抄本合一册）

荣封双寿录一卷、又七部

光绪鄞县志一卷

在找到上述书籍的同时，新发现缺失书三种，即金石契一卷，皇明进士登科考五十二页，地理参赞玄机仙婆集三卷。这样，1964年复查后缺失书清单记录为十六种。

1966年1月，我因参加社教工作队下乡工作，便把天一阁藏书又交还邱嗣赋管理。不久，"文化大革命"开始，此后除一段时间里藏书被封存外，掌管天一阁书楼钥匙的人员调动频繁。直至1980年，善本编目工作告一段落，藏书由沈元魁管理。1991年4月，沈元魁退休，由袁慧接管至今。我在1979年和1994年两次编目期间，又陆续找到十六种缺书中的五种，即：

金石契一卷　明刻本

太湖新录一卷　明刻本

（以上二书附于原存七人联句诗纪一卷之后，三书合一册）

顺治三年丙戌科会试春秋房同门录一卷　清顺治刻本

康熙汝宁府志一卷　清康熙刻本

地理参赞玄机仙婆集三卷　明万历刻本

凡找到之书，所谓"缺书"不缺的原因，不外乎二点：一是移交匆忙，没有足够的时间寻找；二是冯目不著每种书的册数，遇到合刊本或合抄本，往往分别几种编入目录，这样凡附刊、附抄的著作，就只见书目而不见书本，容易误认为缺失。

查检结果，自1937年8月至1958年9月，这二十一年间，范氏天一阁藏书实缺十一种，清单如下：

皇明进士登科考

明俞宪编，明鹤鸣馆刻本。（冯目著录存六十一页，缺五十二页）

嘉靖雩都县志二卷

　　明许来学、袁琚纂修，明嘉靖二十五年刻本。

嘉靖茶陵州志二卷

　　明张治纂修，明嘉靖四年刻本。

嘉靖象山县志十五卷

　　明毛德京、杨民彝纂修，明嘉靖三十五年刻本，有隆庆增补。

嘉靖大埔县志九卷

　　明吴思立纂修，明嘉靖三十六年刻本。

张文定公四友亭集

　　明张邦奇撰，明刻本。（冯目著录存五页，今全缺）

袁正献公燮从祀录六卷

　　清徐时栋撰，清同治袁氏进修堂絜斋集附刻本。

敬乡楼丛书

　　黄群、刘景辰编，民国十七年至二十四年活字版本。全书四集三十七种，缺如下四种：

浮沚集九卷补遗一卷（缺卷一至八）宋周行已撰。

江南征书文牍一卷附一卷，清黄体芳撰。

谏垣奏议补遗一卷，明李维樾撰。

瑶研斋吟草一卷，清方成珪撰。

以上明刻本六种，清同治及同治以后刊本五种，其散失原因，据范鹿其手写缺书清单，前者为"运龙泉返阁经检已缺"，后者属普通古籍，"抗日时存甬所失"。雩都、大埔二志今藏中国国家图书馆。茶陵、象山二志散出后由朱氏别宥斋收藏，朱氏于1979年赠书归天一阁。

（2005年撰文）

天一阁散存书的首次调查

　　1964年,余初掌天一阁藏书,即于12月12日,以宁波市文物管理委员会名义致函国内著名图书馆,调查各地图书馆收藏天一阁散出书的情况。承各馆大力支持,至次年4月,共收到二十余家图书馆的复函。其中中国科学院图书馆"过去无记录,不便清点"。故宫博物院图书馆、北京农业大学图书馆、南京大学图书馆、复旦大学图书馆、武汉大学图书馆、中华书局图书馆、南京图书馆、福建省图书馆、广东省中山图书馆、华南师范学院图书馆、云南图书馆、温州图书馆、陕西省图书馆、山东省图书馆均称"未发现"或"无收藏"。只有下列六家提供了所藏天一阁流散书目录。

　一、北京图书馆

　　(正德)博平县志八卷

　　　　明胡瑾、邓恭纂修,明正德刻本。

　　(弘治)河南郡志四十五卷存二十卷

　　　　明陈宣、乔缙纂修,明弘治刻本,存卷十五至二十二,卷二十七至三十八。

　　(正德)长葛县志六卷存三卷

　　　　明李璇、车明理纂修,明正德刻本,存卷四至六。

　　(嘉靖)吉安府志□□卷存十二卷

　　　　明嘉靖刻本,存卷五至十六。

　　(嘉靖)蕲水县志四卷

　　　　明盛世凤、萧璞等纂修,明嘉靖刻本。

　　(嘉靖)雩都县志二卷外志一卷

明许来学、袁琚纂修,明嘉靖刻本。

(嘉靖)浙江通志七十二卷

明胡宗宪、薛应旂纂修,明嘉靖刻本。

(嘉靖)大埔县志九卷

明吴思立、陈尧道纂修,明嘉靖刻本。

(嘉靖)婺源县志六卷存三卷

明马炫纂修,明嘉靖刻本,存卷四至六。

(嘉靖)长沙府志六卷存一卷

明徐一鸣纂修,明嘉靖刻本,存卷五。

虎丘山志一卷总集一卷

明州王宾,明成化二十二年刘辉刻本。

汴京遗迹志二十四卷

明李濂,明嘉靖二十五年自刻本。

石湖居士骖鸾录一卷

宋范成大,明抄本。

石湖居士吴船录二卷

宋范成大,明抄本。

朝鲜志

明抄本。(阮目:朝鲜志二卷,不著撰人名氏,乌丝阑抄本)

三宝征夷集一卷

明马欢,明抄本。

二、上海图书馆

宁国府志十卷存三卷

明李默纂修,嘉靖十五年刻本,存卷五至七。

铜陵县志八卷存一卷

明李士元修、沈梅纂,嘉靖四十二年刻本,存八卷。

安吉州志十六卷存四卷

　　明伍余福纂修,嘉靖十三年刻本,存卷五至八。

处州府志十八卷存二卷

　　明郭忠修、刘宣纂,成化二十二年刻本,存卷三至四。

尤溪县志七卷存四卷

　　明李文衮修、田顼纂,嘉靖元年刻本,存卷四至七。

光山县志九卷

　　明沈绍庆修、王家士纂,嘉靖三十五年刻本。

黄州府志十卷存五卷

　　明卢希哲纂修,弘治十三年刻本,存卷六至十。

袁州府志二十卷存六卷

　　明严嵩纂修,嘉靖二十五年刻本,存卷七,卷十至十二,卷十九至二十。

广东通志七十卷存四卷

　　明黄佐纂修,嘉靖刻本,存卷五至六、卷十八至十九。

略阳县志六卷存二卷

　　明李遇春纂修,明嘉靖三十一年刻本,存卷五至六。

三、浙江图书馆

古易世学十七卷存十五卷

　　明丰坊撰,明抄本,存卷三至十七,有"天一阁"印记。

明谥法一册

　　不著撰人名氏,明抄本,钤有"范氏子受"印记。

圣宋名贤四六丛珠一百卷

　　宋叶蒉编,明抄本,有范司马印。

王黄州小畜集三十卷

　　宋王禹偁撰,明抄本,有"天一阁"、"东明山人之印"印记。

四、湖南图书馆

古今诗删存二十七卷

李攀龙选、徐中行订、汪时元校刻,明刻本,存卷一至二十七,钤有"天一阁"朱文长方印,"古司马氏"小方印。

五、甘肃省图书馆

龙川别志八卷

　　宋苏辙,明抄本。

国初礼贤录

　　明刘基,明抄本。(阮目作上下二卷)

六、中山大学图书馆

六部条例、各衙门条例

　　明抄本,存吏、户、礼、兵、工各一册,都察院一册、刑部一册。(阮目:六部条例七卷,正德十六年纂,绵纸抄本)

湖广德安府条议

　　明抄本,有"德安府印"。(薛目作一卷)

以上共计三十五种。当年,北京图书馆和上海图书馆均表示先提供收藏天一阁散出方志的书目。可是,此后由于种种原因,对于所藏其他天一阁原藏书的情况未能继续函告。通过此次函调,加强了天一阁与图书馆界的联系,也为我们日后以多种方式做好调查研究工作有所启发。

(2012 年撰文)

"文革"时期的天一阁

1966 年发生的"文化大革命"引起了一场内乱。"文化大革命"的长期动乱"使党、国家和各族人民遭到建国以来最严重的挫折和损失……历史文化遗产遭到巨大破坏"。① 在这期间,天一阁也不可避免地受到冲击,幸而宁波市文物管理委员会设在天一阁,有管理干部的日夜守护,不仅使书楼与藏书得到完好保护,而且还从各处收集到大量有用的古籍文献资料。但在无政府主义影响下,阁内仍有石狮、雕像、匾联遭到损坏。

(一)

"文革"之前,天一阁已由浙江省人民委员会于 1961 年 4 月 15 日公布为重点文物保护单位。1965 年 6 月、7 月间战备时将所藏善本分甲乙两类用纸包好后装箱,所以,当"文革"初期破"四旧"(旧思想、旧文化、旧风俗、旧习惯)时,天一阁藏书已处于封存状态。社会上的"红卫兵"几次闯入天一阁,绝大多数人听了我们宣传保护文物的道理后,只在附近走了一圈就回去了。可是有一次进来的人特别多,四处乱窜,有人趁管理人员在天一阁时,把尊经阁前一只清代石狮子推倒在地,造成数处破损("文革"后修复)。我们接受此次教训,为防碑林被敲,急用石灰水涂刷在沿墙的碑石上("文革"后洗净)。

---

① 中共中央党史研究室著、胡绳编《中国共产党的七十年》第 447 页,1991 年 8 月中共党史出版社版。

几乎在破"四旧"的同时,又"在'横扫一切牛鬼蛇神'的名义下,刮起抄家、揪斗、游街等逆浪。9 月 1 日,藏书家朱赞卿被抄家,以其所藏古籍、古画、古砚等为'罪证',举办破'四旧'和朱氏活人展览,延续至 11 月 16 日"。① 后来朱先生被迁返原籍萧山,其别宥斋十余万卷藏书无人负责看管,就交给我们暂存于天一阁后面的尊经阁内。那时,藏书家孙定观、杨容林家也被抄。孙先生当机立断,将蜗寄庐数十箱藏书送到天一阁。一天,杨先生告急,其清防阁所藏珍本《和萧集》、《精选古今名贤丛话诗林广记》二书在家被抄走,他对"红卫兵"说:"这两部书是天一阁要的,不要烧掉。"于是我们立即前去追回。杨氏其他藏书因存放别处,幸免于难。

接着,"文化大革命"进入"从一小撮走资本主义道路当权派手里夺权"阶段。② 引发这一派夺权者同那一派夺权者之间展开激烈的斗争,在"文攻武卫"口号下,许多地方发生了武斗。1969年 3 月,舟山发生武斗,③不少人逃到宁波,有的流动到天一阁南围墙外大花园游荡。那时墙外边是一条东西向通路,常有人从围墙上爬进天一阁来。为保证安全,我们节省有限的业务经费,设法接高围墙一米。"文革"后,发现围墙太高,潮气不易发散,对藏书不利,便又降低半米,改空斗墙为实叠,与原筑围墙相统一。

1970 年 5 月、6 月间,浙江省革命委员会政工组发文并派人来宁波,强行调走伏跗室赠书二万七千一百二十七册。冯贞群先生伏跗室藏书十万卷早于 1962 年 4 月捐献给国家,由宁波市文物管理委员会管理,为安全起见,善本移存于天一阁。自"文革"后期

---

① 《宁波市志·大事记》,1995 年 10 月中华书局版。

② 中共中央党史研究室著、胡绳编《中国共产党的七十年》第 447 页,1991 年 8 月中共党史出版社版。

③ 《舟山市志·大事记》,1992 年 8 月浙江人民出版社版。

开始,我们不断奔走呼吁,终于在 1973 年 10 月和 1977 年 10 月先后两次索回。①

1973 年 8 月至次年 4 月,我们在文物调查中发现市区有许多碑石被弃置,便雇请市郊农民工从各处搬运到天一阁集中保护,共计六十九方,多嵌入大花园新筑的东墙上,延伸了"明州碑林"。同时,阻断东西向通路,造就东园雏形,由外园逐步发展成为内园。

1974 年 5 月起,对宝书楼进行了一次较长时间的维修,重点是翻修屋面,更换中厅西侧二根柱子。又在中厅两边房屋楼板下面添加了搁栅,初步解决因藏书增多带来的载重问题。

"文革"动乱年代做历史文化工作,全凭工作人员的责任心与文化自觉。十年里,在天一阁和伏跗室全程参与守阁聚书的干部仅两三人。我们不仅要克服人手少、经费不足等困难,而且还要承受政治压力。有一段时间,天一阁被称为"四旧防空洞",搜集整理古籍文献被指责"钻故纸堆",有被批判的风险。因此,读书写作只能在晚上值班或晒书间隙等空余时间默默地进行。即使"文革"结束两年后,我把书稿《天一阁藏明代地方志考录》寄到上海一家出版社时,出版社还要发函对作者"政治审查"。直到改革开放,读者和观众得知天一阁经过"文化大革命",不仅原藏书一页未少,而且续增书数倍于前,无不表示诧异与赞扬。

(二)

碧沚祠内原有范钦坐姿造像一尊,史料记载多称塑像。1953年 7 月,因祠堂失修,将要倾颓,即于此月 11 日把范钦坐像迁到天一阁楼下西室陈列。马涯民《天一阁记》说是"范钦七十岁时(生前)所塑的像"。1957 年 10 月,记者汤延浩访天一阁时所见,"大厅之右为塑像室,供范钦的彩塑肖像。塑像方脸长髯。乌帽红袍,

---

① 详见骆兆平著《伏跗室书藏记》,2012 年 12 月宁波出版社版。

神采奕奕,极为生动"。① 1959 年,纪思《浙江宁波天一阁》文中,除记述"西稍间内正中有范钦塑像"外,还附刊了一张"天一阁范钦塑像"照片。②

后来,因有人持香烛至像前礼拜,为防止失火,便移像至别室,不再展出。可是"文革"初期"扫四旧"时,却被"三馆一会文革小组"人员抬了出来,打倒在阁前平台的石板地上。事发一个多月后,我从农村工作队回阁,见此像损坏尚不严重,原来它不是彩塑,而是用樟木雕刻。不料,当1969 年 9 月 10 日守阁的宁波市文物管理委员会全体业务干部奉命进"市级机关斗批改干校"之后,不知何时,范钦雕像被木工锯成数片,且头部碎片全失,造成无法弥补的损失。

明代鄞县人用樟木雕像的还有南京兵部尚书张时彻和兵部右侍郎屠大山,他们两人是嘉靖二年(1523)同科进士,与范钦先后归里,"投闲啸咏,主一时文柄",人称东海三司马。清周世绪《粉社剩籁》记樟木肖像云:"樟村有樟木一本,居民将伐之,过客止曰:'此木二十年后当大贵。'及张东沙尚书、屠竹墟侍郎相继谢世,两家谋肖像。工师报此木美且巨,请两家合市之,而分供其用。"用樟木雕像,或为一时之风尚。

"文革"毁像之际,天一阁中厅内外部分板刻文字也被木工刨掉,其中难以修复的有二联一匾。

"二联"之一:"人间庋阁足千古,天下藏书此一家。"边款:"阁中旧有此联,桐城姚伯昂阁学按试吾郡时所撰,以东京八分,古雅出尘,廿年前忆曾一见,兵燹后并属云烟。岁庚午,主人重葺,欲复旧观,属为补书,勉作以应,殊惭效颦耳。屠继烈。"庚午即同治九年(1870)。此联后请陈从周重书,款题:"天一阁旧有此联,姚伯

① 1957 年 10 月 6 日《解放日报》。
② 《文物》1959 年第十一期。

昂先生撰书,旋毁。复由屠筱员先生重为,又失。兹承属再录之,先哲在前,拙笔徒增愧焉。庚申之秋八月既望,后学陈从周于明州客次。"

"二联"之二:"杰阁三百年老屋荒园足魁海宇,赐书一万卷抱残守阙犹傲公侯。"边款:"光绪辛巳冬三品衔补用道宁波知府宗源瀚撰书。"此联后请沙孟海重书,款题:"清光绪七年宁波知府宗源瀚题天一阁楹榜旧句,一九八〇年四月鄞县沙孟海书。"

"一匾":即道光二十年(1840)阮元书"天一阁书藏"五大字并阮亨题跋。阮亨跋:"柳东太史同年书来,索云台家兄写天一阁书藏联额。按天一阁所藏皆有明以前之书,今书藏所收皆国朝新刻之本。兄命跋数语,犹灵隐、焦山志也。梅叔阮亨。"

先是嘉庆八、九年间(1803—1804),阮元任职浙江时,登天一阁,见"天一阁书目庞杂无次序,因手订体例,遴范氏子弟能文者六七人,分日登楼,编成书目。属知县事张许给以笔札"。① 嘉庆十三年(1808)阮元以督水师复来宁波,属宁绍台道陈廷杰、宁波府学教授汪本校刻之,史称《阮目》。阮元在书目序文中总结了天一阁藏书管理的经验,希望"范氏子孙若有能继续先业而嗜典籍者,以袤藏继之,则书益以富矣"。后来,嘉庆十四年(1809),阮元在杭州创立灵隐书藏。嘉庆十八年(1813),又在镇江立焦山书藏。二藏的管理制度深受天一阁影响,如焦山书藏条例中规定:"书既入藏,不许复出。纵有繙阅之人,照天一阁之例,但在楼中,毋出楼门。烟灯毋许近楼。寺僧有鬻借霉乱者,外人有携窃涂损者,皆究之。"

依据阮元题额的意思,民国重修天一阁时,冯贞群编《鄞范氏天一阁书目内编》,特将清代以来刻抄本析为一卷,称《书藏目录》,收书二百二十七部,一万一千五百九十五卷(内五十四部不

---

① 阮元《定香亭笔谈》。

分卷,九十九册),体现此匾额刻录的天一阁一段重要历史记忆。所幸阮元书"天一阁书藏"五大字刻画较深,双勾痕迹可见,已照原样修复,只是阮亨跋文消失,留下空白,留下遗憾,供人们深思。

(2014 年撰文)

天一阁防火史话

（一）
天一以水制星火　四百余年阁无恙

在我国古代文明史上，出现过不少著名的藏书楼。然而，由于各种原因，大多数藏书楼在建立不久就湮灭了，唯有宁波的天一阁，自明代嘉靖年间建立以来，历时四百二十余年，成为我国现存最古老的藏书楼。

天一阁主人范钦是一位有学问的人，他在明嘉靖十一年（1532）考中进士，先后任随州知州、袁州府知府，官至兵部右侍郎。嘉靖三十九年（1560）冬去官归里，以后便在自己住宅的旁边造起了天一阁，藏书七万卷。

那么，为什么我国早期的藏书楼中，唯有天一阁能够巍然独存呢？清代著名学者阮元在《天一阁书目序》一文中，总结了三条经验，其中第一条就是防火，他说："余闻明范司马所藏书，本之于丰氏熙、坊。以阁构于月湖之西，宅之东，墙圃周回，林木阴翳，阁前略有池石，与阛阓相远，宽闲静闷，不使持烟火者入其中，其能久一也。"阮元认为，注重防火是天一阁能够保存长久的一个首要原因，这的确是很有见识的。

为了使天一阁得到永久保存，范钦曾动了不少脑筋。他总结并借鉴了历代藏书楼的经验教训，尤其是离他家不远的丰氏万卷楼不慎失火，触目惊心，教训深刻。因此，他首先注意书楼的防火安全。当书楼建造之初，即在附近凿一水池，蓄水备用。清乾隆年间著名史学家全祖望在《天一阁碑目记》一文中说："阁之初建也，凿一池于其下,环植竹木,然尚未署名也。及搜碑版,忽得吴道士龙虎山天一池石刻,元揭文安公所书,而有记于其阴,大喜,以为适与是阁凿池之意相合,因即移以名阁。"范钦以为书最怕火,就依据古书上"天一生水"的说法,取以水制火的意思,移"天一"两字名阁。这充分反映了他期望书楼免于火患的主观愿望。

天一阁建造在范氏住宅的东面,远离灶火。阁前的水池,相传与月湖暗通,池水终年不涸。清康熙四年(1665),范钦的曾孙范光文请来能工巧匠,在池旁堆筑假山,种植竹木,保持水土。阁的四周都有空地,并建筑围墙,起到了隔绝火种的作用。

书楼是一排六开间木结构楼房,坐北朝南,上下两层,楼上统为一间,楼下分成六间。在楼下中厅上面的阁栅里,绘了许多水波纹作为装饰。书楼东西两旁用砖墙作壁,俗称封火墙。

除建筑设计和布局上采取防火措施外,在管理方面严格禁止烟火入阁,在楼梯边挂着一块"烟酒切忌登楼"的大字禁牌。清光绪三十四年(1908),学者缪荃孙随宁波知府夏闰枝去天一阁,后来他作记云:"范氏派二庠生衣冠迎太守,茶毕登阁,约不携星火。"足见其防火制度之严,连当地的知府也不许违背。

从现有的资料来看,清道光九年(1829)八月,天一阁还订立过管理细则十一条,其中规定:"阁下六间并前后游巡明堂,俱不得堆积寄放物件、暂行工作,及护程上挂晒衣裳。……总门内外不得安放凳桌、堆积物件,致碍行走。"显然,当时已经考虑到在紧急情况下要保证道路畅通。同时又规定:"阁下每月设立巡视二人,其护程及阁下各门锁钥,归值月轮流经管,如欲入内扫刷以及亲朋游览,值月者亲自开门,事毕检点关锁。"建立了安全检查责任制。

天一阁注重防火的事,对后世有深远的影响。早在二百年前,清朝乾隆皇帝在考虑建造庋藏《四库全书》的书楼时,就想到要汲取天一阁的防火经验。他在乾隆三十九年(1774)六月二十四日的上谕中说:"浙江宁波府范懋柱(范钦八世孙)所进之书最多,因加恩赏给《古今图书集成》一部，以示嘉奖。闻其家藏书处曰天一阁，纯用甎甃，不畏火烛，自前明相传至今，并无损坏，其法甚精。……今办《四库全书》，卷帙浩繁，欲仿其藏书之法，以垂久远。"后来，庋藏《四库全书》的文渊阁、文源阁、文溯阁、文津阁、文汇阁、文澜阁、文宗阁都是仿照天一阁的样子布局的。相传在定名时，采用渊、源、溯、津、汇、澜这几个字，偏旁用水，就是取以水制火的意思，只有宗字例外，那是因为文宗阁建造在镇江金山上，此处面临大江，不缺水，所以不用水旁的字了。

不过在民间，由于对天一阁防火的具体情况不够了解，传闻中往往带有主观的神秘色彩，说什么"烟波四面阁玲珑"，"月湖边上，三面临水"等等，其实并非如此。如果"四面皆水"或"三面临水"的话，当时就不必再在阁前凿池蓄水了。上引乾隆皇帝所说"闻其家藏书处曰天一阁，纯用甎甃，不畏火烛"，亦系误传。书楼主体建筑用木材，除东西两旁封火墙外，一旦失火，本身并无抵御火灾的能力。所以长期坚持执行严格的防火管理制度就显得十分重要。

解放以后，天一阁继续执行了合理的防火制度，阁内不装电灯，不准吸烟，又安装了避雷针及消防设备，保证了书楼的安全。宁波市消防大队把天一阁列为全市消防重点保卫单位之一，经常前去检查和指导，并组织消防队员实地训练，熟悉环境，以便应急。1981年，天一阁被评为宁波市的消防先进单位。

（二）
远灶禁烟筑明池　书城夜巡续新篇

几年前，笔者写过一篇介绍天一阁防火情况的文章，文章刊出后，曾引起有关方面的注意。1984年，天津电影制片厂在天一阁拍摄影片《祝君平安》，其中"四品巡按受阻"的一组镜头，就取材于"范氏派二庠生衣冠迎太守，茶毕登阁，约不携星火"的故事。

影片真实地再现天一阁历史上严格执行防火制度的情景,给观众留下深刻的印象。

诚然,事物总是一分为二的,天一阁防火工作并非毫无问题。解放前,范氏后人由于经济、文化和社会地位的低落,在执行天一阁管理制度方面也逐渐松弛下来。民国二十年(1931)夏,著名文学史家郑振铎和版本目录学家赵万里专程访阁,他们就看到天一阁楼下有人烧火煮饭。赵先生在《重整范氏天一阁藏书纪略》一文中说:"阁前一泓清水,有小桥可通前后假山。青藤和不知名的羊齿类植物,荫盖着全部的山石。石上小亭摇摇欲坠。阁后一片荒凉,青榆树高出屋沿。回视阁的全部,仅有五楼五底的容积。西边一间有梯可达阁之上层;东边一间租给闲人住着。炊烟正从窗缝里吹向阁的上空,那时住家的媳妇正在预备晚餐。……细察阁的建筑方式,和其他宁波住宅并无多少不同之点。所用材料,简陋非凡。消防设备简直等于零。"可知那时,天一阁已面临着火灾的危险。

解放初期,首先要解决的是灶火问题。经过几年努力,浙江省人民政府于1953年拨专款,购入天一阁西边的一幢木结构民房。这座房屋是后人在范钦住宅旧址上重建的,坐北朝南一列三间,上下两层,用作天一阁管理机构的办公室。西厢房一间作灶间。从此,灶间单列,便于用火管理。但是,木结构建筑本身是易燃物,做灶间尚不够理想,何况所处位置离书楼仅一弄之隔,仍存在不安全因素。后来,又经过多年努力,终于在离阁五十米处,新建砖石结构单用灶间一间,1987年春节竣工,即投入使用。这样,才保证了"宝书楼"外围不受灶火的威胁,消除了一大隐患。

十年动乱后不久,宁波被列为对外开放的沿海港口城市,天一阁也同时改变了"文革"时期的闭阁状态。中外学者和参观者前去访书瞻观络绎不绝。每年由几万人增至几十万人。不用说,人群中持烟火者亦与日俱增。在这种新的情况下,消除烟火对书楼的威胁,便成了防火工作的主要课题。旧日传统的"烟酒切忌登楼"的规定,显然已经不能适应新形势。于是从 1979 年开始,划定藏书楼和尊经阁一带为禁烟区,而在办公室、会客室、书画社、值班室及东园等处吸烟仍不受限制。八年来的实践,说明这一措施是十分必要的,但也是不彻底的。有些人对于禁烟区与非禁烟区并不留心区别,往往在无意中携带点燃的香烟进入禁烟区喷云吐雾。再说天一阁外围建筑如果起火,亦会危及书楼。因此,从 1986 年 12 月 1 日起实行全面禁烟,在大门口设立吸烟室和熄烟处,凡进入大门者一律不准吸烟。

实践证明,在全国重点文物保护单位内禁止吸烟,不仅有利于防火,而且也有利于精神文明建设。天一阁的这一规定得到极大多数游人的理解和支持,个别有吸烟习惯的工作人员也自觉地戒了烟。从此,天一阁成了绿树成荫、环境整洁、空气新鲜、没有烟害的地方。天一阁文物保管所也成了名副其实的市级文明单位。

隔离火源,这是防火工作的重要一步,但并不是全部。与此同时,天一阁工作人员还继续发扬"以水制火"的传统,千方百计开发水源。不仅安装了自来水管和消防龙头,而且根据实际情况,因地制宜地扩大水面,在东园的扩建工程中,始终坚持以池水为中心的设计思想,使园林建设与防火工作紧密结合起来。东园与天一池只有一墙之隔,园中凿一大池,称"明池",其蓄水量比天一池大十倍。环池有竹林、假山、百鹅亭、陈列室、碑林等。于 1986 年 10 月竣工,对外开放,成为游人流连忘返的新景点。

随着天一阁藏书的不断增加,新书库和东园先后建成,已逐渐形成了以"宝书楼"为中心而又各自独立的建筑群,占地面积比解放初期扩大了五倍,仅沿围墙通向街道的大门就有八处,这就给防火安全提出新的更高要求。近几年来,正在陆续运用现代化手段加强这项工作,已经安装了通讯、报警设备,并逐年更新灭火器材,着手解决和逐步完善监视系统及自动灭火装置。

在日常管理方面,天一阁文物保管所的同志具有立足于自身,进行"全面防御"的战略思想。例如在天一阁外围气氛保护区附近建造职工宿舍,以便一旦有事,可应急救援。又在建立全天二十四小时值班制的基础上,进行夜间巡逻。这些措施,有效地保证了天一阁这座历史文献宝库的安全。

(1982 年、1987 年撰文)

天一阁旧闻别记

我们在编写《天一阁大事记》时,发现有的旧闻遗事,经过查考核实,既不能在大事记中得到反映,又不能任其湮没或误传,例如林则徐有否登阁观书?孙中山是否到阁参观?范钦或范大澈的藏书中是否有一部分来自被籍没的严嵩家?等等,于是便有《别记》之作,这里随录三则。

(一)

镇海海防遗址博物馆展出了四页林则徐致宁波府学教授冯登府书简的复制件,①其中说到林则徐欲"登范氏书阁",观天一阁所藏兵家书籍。这不仅是鸦片战争时期林则徐在镇海的史料,而且也是有关天一阁的史料。书简全文:

> 昨承左顾,稍叙阔悰,而匆匆未及走答为歉。顷批手翰,知《焦氏兵法》一书,已承觅有钞本。弟箧中亦有焦氏书,所言铸炮之法颇详,昨已检付炮局,以资参考。弟未知与尊处觅得之本果相同否?如许借付一对,希交邓太守署中专人送镇,自无遗误。弟校阅后,仍由府署缴还,感铭无似。至天一阁所藏兵家各种书,想必别有秘编,可否先以书目寄示。弟未经续奉谕旨,一时尚无责任。拟月内或可到府奉访,即登范氏书阁一观也。

> 来教欲临戎幄,自是敌忾盛心,惟逆夷已离定洋,目下却

---

① 林则徐致冯登府书信原件藏辽宁省博物馆。

无踪迹,即弟亦悬而无薄,只可徐图耳。粤洋于清和朔日大获胜仗,烧毁击坏大小夷船七只,生擒逆夷七人,颇足以振国威而伸公愤,谅闻之亦必为一快也。手此,复候时祺,敬完谦柬,不具。馆愚弟林则徐顿首。二十五日。

上录林则徐手书当写于道光二十一年(1841)四月。这一年三月二十五日上谕:著两广总督祁𡎊、广东巡抚怡良传知林则徐"赏给四品卿衔,迅即驰驿前赴浙江省听候谕旨"。林则徐于闰三月十三日自粤起程,沿途加紧行走,于四月十八日驰抵浙江省城。因浙江巡抚刘韵珂先驻镇海军营,林则徐"复由省城趱行,于二十一日驰抵镇海"。① 据《林则徐日记》,是日巳刻至宁波府城,府学教授冯柳东(登府)等俱来见,"余舟未泊,欲趁退潮直赴镇海",晚至北城内蛟川书院住。次日会见各官员,"午后登招宝山,观山海形势,察看新旧炮位"。

同年,四月二十六日上谕:"著钦差大臣裕谦于适中之地驻扎,并著林则徐协办镇海军务。"林则徐在镇海三十二天,忙于军务,除日常议事、晤谈、对客、答拜之外,在他《日记》中,记得最多的是关于制炮演炮事。例如:"赴厂观铸四千斤铜炮","与抚军、提军同观演放铜炮,并相度炮台地利","往炮厂观刮磨炮膛","观修理炮垛","北城上观演炮二十余位","观演夷炮","观演炮","赴文昌宫观炮架","赴东岳宫演炮"等。至五月二十五日,"知奉上谕,以则徐前在粤省所办营务夷务均未能妥协,与前督邓俱从重发往伊犁效力赎罪。是夜即收检行李"。次日午"出南城门外码头登舟。过宁波府城,未泊舟,三更后将至丈亭,距宁郡七十里泊"。②

从上述记载可知,林则徐在镇海一个多月间,未曾进入宁波府

① 道光二十一年四月二十二日浙江巡抚刘韵珂奏报。

② 《林则徐日记选摘》,中国第一历史档案馆、宁波市社会科学界联合会编《浙江鸦片战争史料》,1997年宁波出版社版。

城,也就没有实现登天一阁观书的愿望。

(二)

关于孙中山先生在民国五年(1916)八月视察宁波时"到天一阁参观"的传说,我初见于毛翼虎撰《孙中山先生在宁波的一次演讲》,此文发表于 1981 年 3 月 8 日《宁波报》,文中说:"1916 年 6 月,袁世凯因帝制不成,羞愤而死,黎元洪继任总统,政局有暂时的安定。孙中山先生为民族复兴,办好国家大事,在全国各地奔走呼号。八月中旬(原文八月误作十月),孙中山在杭州演讲毕,应四中校长厉建候电邀,搭甬曹段火车抵宁波,在浙江省立第四中学(今宁波一中)下榻,晚上即与教育文化界人士座谈。第二天上午,又在会议室对各界人士作演讲。演讲的记录曾由先生修改后于次日发表在《四明日报》上。这天下午,孙先生由四中校长厉建候陪同到天一阁参观,翌晨仍搭火车回杭州。"毛翼虎先生时任民革宁波委员会主委,他的文章受到教育文化界的重视。1983 年,宁波一中(原省立四中)建校八十五周年,在《宁波一中校庆纪念册》中也记载:1916 年 8 月 22 日,孙中山先生搭乘曹甬铁路抵甬,下榻省立四中,晚上邀教育文化界人士座谈。23 日上午在校讲堂演讲,"下午由校长厉建候陪同到天一阁参观"。

后来毛翼虎先生又撰《孙中山先生在宁波》一文,刊登在《宁波论坛》1991 年第四期,文中转录《孙中山先生在宁波各界欢迎会上的演说》全文,以及民国五年(1916)八月十七日和八月二十一日上海《时报》二则短讯。孙中山先生"因应浙省吕督军之请",乃有杭州、绍兴、宁波之行,其行程为八月十六日晨偕胡汉民、戴季陶由沪动身赴杭,至二十日赴绍兴游览,二十二日搭曹甬铁路火车抵甬。唯文中只说"次日在浙江省立第四中学举行公开演讲",而不提参观天一阁之事。

1997 年,我们开始编写《天一阁大事记》,为慎重起见,对于孙中山先生是否到过天一阁的问题作了一次核对。7 月 18 日,谢典勋先生致函民革袁元龙先生,希望通过他向毛翼虎先生请教。数天后,毛老先生在信件上端题云:"我未写过孙中山到过天一阁的'乡情'一文,亦未听到过孙中山到过天一阁的说法。毛翼虎,七月二十四日。"后来,我在一次会议上遇见毛老先生,又提起此事,他说:"中山先生曾来宁波演讲,没有去天一阁,时间来不及了。"如此,我们避免了一次可能的误传。

(三)

往读陈登原先生《天一阁藏书考》,[1]其第三章述天一阁收藏之来源,"三、则曰范大澈之故物也"。对此,我曾作过考证,以为当万历十三年(1585)范钦去世时,范大澈尚健在,其卧云山房藏书正当兴盛之时。万历三十八年(1610)范大澈去世,此时范钦之子范大冲也已去世八年。在这期间,不可能把卧云山房藏书并入天一阁。明末清初时期,天一阁藏书增减变动不大,更无购入卧云山房藏书的记载。康熙初年,李邺嗣曾去卧云山房看书,他说:"余家与鸿胪世有姻,余少时曾见其印谱一二册,及选《耆旧集》往其家借书,虽残失过甚,尚有存者。"又说:"今日追慕其风流,不可复见矣。"可知卧云山房藏书自范大澈殁后便陆续散出,仅仅过了半个多世纪,便已"残失过甚"。至乾隆时,钱维乔《日湖访古录》说:"已不可问矣。"[2]

然而对于陈先生记录的一则传闻,谓范大澈的部分藏书来自严嵩家,我却久久未能释疑。他在书中说:"又有说者,大澈曾教读严东楼家,东楼家有钤山堂藏书,大澈纵观之馀,曾为题签。东楼

---

① 陈登原《天一阁藏书考》,民国二十一年金陵大学中国文化研究所印行。

② 骆兆平《天一阁丛谈》,1993 年 3 月中华书局版。

之败也,宅被籍没,而大澈以久处其家,又适为前导,且择有己所签题者,付丙丁以灭迹。严氏既夷,朝廷赏大澈功;因分严书一部分与之。而又有好书之癖,其所得积,自有可观。因而大澈家所弄精本,人谓其或出于严氏云云。"

后读冯贞群《天一阁藏书考跋》,始知上述传闻,陈登原得自冯贞群,冯贞群又得之范文甫。冯跋称:"其三章,误大澈曾教读严东楼家。大澈为东明之误,此语贞群得之范文甫,文甫为大澈苗裔,与天一阁后人素有嫌隙,事涉诬罔,殆不足信。"原来,范文甫诬蔑的是天一阁主人(东明),而陈登原误作范大澈。

严嵩子世蕃,别号东楼。严嵩父子是明代嘉靖时期的奸臣。严嵩江西分宜人,弘治进士,嘉靖二十一年(1542)任武英殿大学士,入阁,专国政二十年,官至太子太师,以子世蕃和赵文华等为爪牙,操纵国事,吞没军饷,战备废弛,因而倭寇侵扰更加严重。文武官吏与他不和的如夏言、曾铣、张经、杨继盛等,都遭杀害。严世蕃官至工部左侍郎,严嵩年老,朝事都归他掌握。卖官鬻爵,按官缺的肥瘠索贿,门庭若市。后为邹应龙所劾,戍雷州,未至而返,又为林润所劾,处死。严世蕃被杀,时在嘉靖四十四年(1565)。严嵩也被革职,家产籍没,不久病死。因此,单从时间上看,范钦早于嘉靖三十九年(1560)冬去官归里,何来严氏宅被籍没时"适为前导"。

再读《天一阁藏书考》冯贞群校本,其第三章书眉上冯注云:"范文甫言,大澈藏书寄存天一阁中,而天一阁后裔据为己有。文甫为大澈之裔,此其先人口述者。"对此,冯先生只作客观记录,未作进一步查证。不知陈登原先生是否据而认定"大澈之故物"归于天一阁。

(2015 年撰文)

二、书城续记

藏书千秋业

我国藏书以江浙为盛,浙东又以宁波为中心,自唐宋以来,宁波一直是对外贸易的重要口岸,经济繁荣。南宋时,世家大族聚居,学者讲学、著作蔚然成风。更由于雕版印刷术的广泛应用,纸制书已成为文献的主要载体,刻印、传抄都很方便,因此,以藏书为特点的文化活动十分活跃。

宁波月湖一带,可说是历史上的文化区。在宋代,月湖两岸就有楼钥的东楼和史守之的碧沚两个藏书楼。楼钥是当时著名的藏书家,官至参知政事,嘉定三年(1210)建东楼,藏书万卷。史守之仕不甚显,中年退居月湖,避嫌远世,建碧沚亭于湖中,收藏自他祖父史浩开创的三代藏书。史称:"藏书之富,南楼北史,宛委之山,不过尔尔。"

天一阁也在月湖西岸不远处,由明兵部右侍郎范钦建于嘉靖四十年至四十五年之间(1561—1566),是我国现存最古老的藏书楼。范钦酷爱书籍,经过数十年的辛勤积累,藏书七万余卷,其中一部分得自丰坊万卷楼,而丰氏藏书可上溯到北宋,源远流长。书楼建造之初,范钦就十分重视防火,楼前凿池蓄水,周围留有空地,形成防火隔离带,平时严禁携带烟火入阁。阁为六开间的二层木结构楼房,楼上贮书,统为一间,前后开窗,以利通风防潮;楼下中厅统三间为一,两旁悬挂着文人学士们题写的楹联,古朴典雅。范钦晚年时还考虑到防止书籍分散的问题,以为"书不可分"。他的大儿子范大冲欣然放弃了万金家财而继承了"天一阁"藏书。范大冲以后更"代不分书,书不出阁",书籍由子孙共同管理。

天一阁在藏书史上起着承先启后的作用。乾隆皇帝"数典天一之阁",建造存放《四库全书》的文渊、文源、文溯、文津、文汇、文澜、文宗七阁。天一阁的建筑格局与管理方法对后世民间藏书楼也产生过深远影响,如宁波卢址的抱经楼,可以说是天一阁的一个复制品。

抱经楼建于乾隆四十二年(1777),当年藏书之富可与范氏天一阁、郑氏二老阁相鼎足。卢址对天一阁极为推重,曾说:"吾乡之善聚书者,首推范氏天一阁,尝爱其取之精而藏之久。"他因连试不利,绝意进取,便仿天一阁建楼聚书,遇有善本,不惜重价以购,朋友中有异书,必宛转借抄,搜罗三十余年,所得六万余卷。书楼在今君子街,保存基本完好,可惜所藏之书,已于民国五年(1916)让售一空。

清代,由于考据学的兴起,进行过一次大规模的古籍整理,藏书楼数量之多,超过以前各代藏书楼的总和。在宁波,著名的有黄宗羲的续钞堂、郑性的二老阁、全祖望的双韭山房、姚燮的大梅山馆、徐时栋的烟屿楼等。然而至今仍具有藏书功能的只有余姚梁弄镇的五桂楼。五桂楼由诸生黄澄量建造于嘉庆十二年(1807),书楼僻处四明山深山之中,是三开间的二层木结构楼房,楼上分列二十大橱,藏书六万卷。至解放时,书楼和藏书保存基本完好。

清代的藏书楼虽然大都消失了,而现代的继起者们,又将其流散的图籍犹如火炬一样地传递着,使藏书事业成为千秋不熄功德无量的事业。宁波现代著名的藏书家,如冯贞群先生的伏跗室、孙翔熊先生的蜗寄庐、朱赞卿先生的别宥斋、张季言先生的樵斋、杨容林先生的清防阁,藏书均在万卷以上,都已先后捐献给国家。1982年2月23日,国务院公布天一阁为全国重点文物保护单位。如今,天一阁藏书已由新中国成立时的二万二千余卷,增加到二十余万卷,新建了书库,扩建了东园,办起了古籍阅览室,开展了古籍研究和整理出版工作,接待了许多中外读者和旅游参观者,珍贵的民族文物遗产正在祖国社会主义建设事业中发挥应有的作用。

（1989 撰文）

卧云山房续记

　　以往,我在写《天一阁史事琐考》一文时,曾说及宁波藏书家范钦与范大澈的关系,论述"范大澈卧云山房藏书归范钦天一阁"说之误。后又撰《范大澈与卧云山房》一文做专题介绍。2010 年,宁波举办藏书文化节,适逢纪念范大澈逝世四百周年,便应邀在读书会上作主题发言。会后,为补前文之缺,据发言稿草此续记。

(一)

　　在明代,宁波范氏以藏书名者有范钦、范大澈、范汝梓三人。范大澈是范钦侄子,范汝梓又是范大澈侄子。据《鄞西范氏宗谱》,范钦父讳璧,兄镛,弟钧。范镛字文卿,号正所,自"束发以来,六十余年于兹,而犹家无长物,身不免为布衣",[①]"时怂恿弟司马公(范钦)力学,司马公得一意宦学,为时名卿者,公力也"。[②] 范大澈为正所公长房,子汝桐、汝木。大澈弟大濩,字子成,号海东,将乐县丞。大濩子汝梓字君材,号元辰,万历甲辰(三十二年,1604)进士,授工部主事,任福建延平知府,又任襄阳知府,卒于郡,子光先、光华、光奇。

　　嘉靖二十八年(1549),范钦携范大澈去京师,两人虽为叔侄,却情同父子。范钦《天一阁集》中有诗可证。当范大澈受官鸿胪,

---

　　① 范钦《祭兄长文》,见《天一阁集》卷二十七。
　　② 余有丁《赠登仕郎鸿胪寺序班正所范公墓志铭》,见《余文敏公文集》卷九。

范钦非常高兴,诗云:"牢落京华二十春,喜逢献绩涣恩纶。身当玉
陛传天语,名列金闺作近臣。漫以驰驱供岁月,好将忠孝答君亲。
栖迟愧我怜衰暮,吟依江天望北辰。"当范大澈使滇南,范钦作诗四
首,其二云:"望望日南域,盈盈汉上槎。蛮酋迎使节,候吏咏皇华。
绿遍湘江草,红深罗甸花。猿声当暮急,不必苦思家。"

《鄞县通志·文献志》把范大澈藏书处卧云山房称为西园,又称
宝墨斋,其缘由当是范大澈藏书印中有"西园"白文长方印,"宝墨
斋"朱文长方印之故。随着书目文献的陆续出版,散存各处的卧云
山房原藏书续有零星发现。如 2002 年新编《浙江图书馆古籍善本
书目》载,该馆藏有范大澈辑《史记摘丽》不分卷,范大澈抄本十册。
及(宋)李刘撰《梅亭先生四六标准》四十卷存卷二至十,范大澈卧云
山房抄本四册。又如黄裳《翠墨集》载,壬辰(1952)七月从北京藻玉
堂购得《离骚草木疏》四卷,卧云山房抄本,"卷中范氏钤记多至七
方"。此外,我曾在一堆破旧书中拣出(梁)萧统《文选》卷第四,明刻
残本一册,卷首钤"子宣父"白文方印,"范大澈"白文方印,"万书
楼"白文方印,卷末钤"范大澈图书印"朱文长方印,"沧瀛外史"白文
方印,"平生乐事"白文方印。此书已编入《天一阁新藏书目》。

(二)

范大澈不仅是藏书家,也是文物收藏家。所集秦汉以来古玉、
银、铜印三千六百余件,有《范氏集古印谱》传世。《范氏集古印
谱》十卷,范汝桐集,"书高七寸九,阔五寸,黑线格高六寸三,阔四
寸。每面四行,上下两横格,前后面十六印,下注释文、印材、钮式。
卷一官印五百八十三方,卷二至十私印三千五十九方。杨德政、余
经训序,凡例十四则"。① 是明代印谱中所收印章数量最多的一部

① 周节之《范氏集古印谱与藏印的始末》,见 1992 年 6 月 25 日《西泠
艺报》第七十八期。

印谱,有力推动了篆刻艺术的发展,在印学史上有深远影响。

《范氏集古印谱》钤印本估计印数不多,至今已四百多年,流传稀罕。惟万历庚子(二十八年,1600)范大澈自叙,辗转传抄,是人们得以一见的卧云山房重要历史文献。叙文反映了范大澈的收藏理念与实践,为研究者所必读,故录存于后:

> 不佞自嘉靖己酉年二十有六,书剑无成,从仲父东明先生游燕京,吏隐蝼头,典客三朝,凡四十余年。海内贤豪,谬承友善,奉使滇南、秦、晋、辽左诸边,沔游之所,天下名山大川踪迹十之七。每以笔耕之入,捃摭书画、碑帖、三代秦汉器识,饥以为食,寒以为衣。不佞有痰疾,每疾作,则命雪儿出种种于前,疾便退却。人欲夺,重值不售,真成蛊癖。文寿承彭曰:"希奇之物,人多罕见,今遇目而又得价,夫何吝哉?"余曰"此趄估射利之徒,非鉴藏家事也。"乙酉归来,六十二岁矣,开视所藏之书,多为白蚁所蚀。构鹡鹆之栖,连岁凶荒,食指繁,征科猛,帖画奇物,质之于人,多为所负。又被奸奴盗之,构亦未就。可奈何!畴曩豪兴,消耗尽矣。万历庚子句章灌园叟范大澈子宣甫叙。

万历庚子即万历二十八年(1600),此时范大澈已七十七岁,其时"构亦未就"。如果李邺嗣《鸿胪范公大澈传》中"既家居,筑室西皋"说得不错,那么构筑事成,当在此后十年间。①

(2011 年撰文)

---

① 李邺嗣《鸿胪范公大澈传》云:范大澈"卒年八十七"。见《甬上耆旧诗》卷二十七。

二老阁与《四库全书》

清乾隆年间纂修《四库全书》,这是我国文化史上的一件大事。郑氏二老阁进呈书籍较多,受到《四库全书总目》记名表彰,这也是二老阁藏书史上的一件大事。那时,二老阁由郑性长子大节主阁事,故《四库全书总目》称"浙江郑大节家藏本"。宁波藏书家中,只有天一阁范氏和二老阁郑氏得此殊荣。

(一)

乾隆三十八年(1773),浙江巡抚三宝在奉旨采集遗书时,已注意到二老阁藏书,于闰三月二十六日奏称:"又访有宁波府慈溪县郑大节家,藏书颇富,亦已飞饬宁波府知府徐昆亲往访购。"同年四月二十八日三宝《奏呈续获天一阁等家遗书目录并〈永乐大典·考工记〉六本折》云:"又慈溪郑大节家藏书,虽远逊于范氏之多,其中亦有未曾习见之书可备采择者,亦复抒诚愿献,现查有书八十二种。"

今所见记载二老阁进呈书籍的目录有三种:一、清嘉庆间阮元等编《天一阁书目》卷末附录载《二老阁进呈书目》,记录进呈各书的书名、卷数或册数,共四十四种,编排随意,无一定系统。二、清光绪间薛福成等编《天一阁见存书目》卷末附录载《重编原附慈溪郑氏二老阁进呈书目》,记录书名、卷数或册数、著者,除初编目所收四十四种外,据《浙江书录》增补四种,据《四库全书总目》增补十七种,共计六十五种,按四部分类编排。三、清《各省进呈书目》载《浙江省第五次郑大节呈送书目》,记录书名、卷数或册数、著者、本数,共八十二种,编排亦无一定系统。因与三宝奏称的八十二种数量相同,可能编录于同一时期。

《浙江省第五次郑大节呈送书目》与《重编原附慈溪郑氏二老阁进呈书目》互校后,发现《重编原附慈溪郑氏二老阁进呈书目》中,有《春秋金锁匙》、《名臣言行录》、《周子年谱》、《扁鹊神应针灸玉龙经》、《脚气集》、《闲窗括异志》、《耳钞秘录》七种书为《浙江省第五次郑大节呈送书目》所未载。上述两种进呈书目与《四为全书总目》互校后,又发现《四库全书总目》增出《黎子杂释》、《龙筋凤髓判》二种。这样,有据可查的二老阁进呈书达到九十一种。

乾隆三十九年(1774)七月二十五日上谕:"今进到之书,于纂辑后仍须发还本家,若不载明系何人所藏,则阅者不能知书所自来,亦无以彰各家珍弆资益之善。著通查各进到之书,其一人而收藏百种以上者,可称为藏书之家,即应将其姓名附载于各书提要末。其在百种以下者亦应将由某省督抚某人采访所得,附载于后。"据此,郑氏二老阁进呈之书当在百种以上,其失载或失检之书尚有可能再发现。

(二)

今复查,《四库全书总目》记载"浙江郑大节家藏本"的有四十八种,其中著录十三种,存目三十五种,各书都撰有提要。

收入《四库全书》的二老阁进呈本有:宋郭雍撰《郭氏家传易说》十一卷。宋魏了翁撰《尚书要义》存十七卷《序说》一卷。唐韩愈、李翱注《论语笔解》二卷。宋胡知柔编《象台首末》五卷。宋朱熹、李幼武编《名臣言行录》五集七十五卷。宋袁韶撰《钱塘先贤传赞》一卷。宋滕元发撰《孙威敏征南录》一卷。明姚虞撰《岑海舆图》一卷。明黄衷撰《海语》三卷。唐张鷟撰《龙筋凤髓判》四卷。唐樊宗师撰,元赵仁举、吴师道、许谦注《绛守居园池记注》一卷。唐李频撰《黎岳集》一卷附录一卷。宋孔延之编《会稽掇英总集》二十卷。计十三种。

乾隆四十年(1775)十一月十七日上谕:"四库所集,多人间未见之书。"例如《四库全书总目提要》记述上述二老阁进呈的《论语笔解》,"为明范钦从许勃本传刻,前有许勃序",即明天一阁刻范氏奇书本。记述《尚书要义》,"是书传写颇稀,原目二十卷中第七卷、第八卷、第九卷并佚,无别本可以校补"。评述《会稽掇英总集》,"其书世鲜流传,藏弆家多未著录,在宋人总集之中最为珍笈,其精博在严陵诸集上也"。编者"搜访之勤,可谓有功于文献矣"。

《四库全书总目》列入存目的二老阁进呈本有:明刘濂撰《易象解》四卷。明徐体乾撰《周易不我解》二卷。明丰坊撰《易辨》一卷。明邹德溥撰《易会》八卷。明郝敬撰《易领》四卷。明郑敷教撰《周易广义》四卷。明吴钟峦撰《十愿斋易说》一卷《霞舟易说》一卷。明朱朝瑛撰《读易略记》无卷数。佚名人撰《御侮录》二卷。明张焕撰《平倭四疏》三卷。宋赵起撰《种太尉传》一卷。宋度正撰《周子年谱》一卷。明吴守大撰《名臣像图》一卷。明许徽编《定变录》六卷。明黄琼撰《漕河图志》三卷。明刘天和撰《问水集》三卷。元苏天爵撰《治世龟鉴》一卷。明蔡清撰《性理要解》二卷。明湛若水撰《杨子折衷》六卷。明胡直撰《胡子衡齐》八卷。旧题刘真人撰《大本琼瑶发明神书》二卷。宋凌福之撰《六壬毕法赋》一卷。佚名人撰《大六壬无惑钤》一卷。元刘志惟撰《字学新书摘抄》一卷。明张志淳撰《永昌二芳记》三卷。明黎久之撰《黎子杂释》一卷。明朱承爵撰《灼薪剧谈》二卷。佚名人编《补妒记》八卷。明伍袁萃撰《林居漫录前集》六卷《畸集》五卷。宋鲁应龙撰《闲窗括异志》一卷。明姚宣撰《闻见录》一卷。明万达甫撰《皆非集》二卷附《一枝轩吟草》二卷。清陆求可撰《陆密庵文集》二十卷《录余》二卷《诗集》八卷《诗余》四卷。明刘濂编《九代乐章》二十三卷。明吴子孝撰《玉霄仙明珠集》二卷。计三十五种。

　　列为存目的书也都经纂修官们校阅,虽然《四库全书》没有抄录,但是我们仍可以从《四库全书总目提要》得知各书大旨,作者爵里,著作源流。

(2014 年撰文)

关于卢氏抱经楼的建筑

卢址抱经楼建成于乾隆四十二年(1777),是清代著名的藏书楼。二十世纪九十年代,书楼拆迁前,我曾作过调查研究,撰文考述卢址生平、书楼建筑、藏书聚散等史事。① 至今二十年来,只知其迁,未见其立。想到此楼不该被遗忘,故再述书楼建造与拆迁时的历史背景,以及它与天一阁的渊源,希望引起人们的重视。

(一)

宁波卢氏向称望族,卢址先人自明嘉靖间避倭难,从定海金塘迁居宁波城内东南隅,"世以赀甲乡里"。② 始迁祖名家锦,字鄮峯,卢址为其八世孙。清末黄家鼎《抱经楼藏书颠末考》云:"距月湖二里许为君子营,有卢姓聚族而居。市廛稍远,一楼魁然,时有云气轮囷覆护其上,询之即卢青厓先生藏书处也。先生名址,字青厓,诸生,博雅嗜古,性好聚书。"卢址自称:"是时方为科举之学,思自奋力于名功。既而屡荐不售,则又有味于昔人'早知穷达有命,悔不十年读书'之语,于是思聚书以扩其见闻。"又说:"善读者必先于善聚,聚之善不能读者有矣,未有聚之不善而能使读者之不驰骛而得所归也。"③可知他是为读书而藏书,也具备作为藏书家所应有的"好之而有力"这两个条件。

---

① 骆兆平《书城琐记》,2000 年 12 月上海古籍出版社版。
② 民国丁亥重修《甬上敬睦堂宗谱》。
③ 卢址《抱经楼碑记》。

著名学者钱大昕撰《抱经楼记》云:"卢君青厓诗礼旧门,自少博学嗜古,尤喜聚书,遇有善本,不惜重值购之,闻朋旧得异书,宛转借抄,晨夕讐校,搜罗三十年,得书数万卷,为楼以贮之,名曰抱经,盖取昌黎赠玉川子诗语。楼成,属予一言记之。"象山学者倪象占亦为之记。此后,"学使朱秀伯、观察李石泉、邑后程朗岑、郡人童蓴君先生俱登楼留墨。杭州文澜阁亦尝以遗佚邮钞。于是数两浙藏书家者,范氏之外,知尚有卢氏,浙西抱经堂而外,莫不知有浙东抱经楼也"。①

卢氏抱经楼经历二百多年风雨,虽然所藏书籍已散佚无存,但是书楼建筑保存基本完好。1981年12月5日,由镇明区(今海曙区)人民政府公布为重点文物保护单位。我以为保护抱经楼的意义,除了保存一幢具有文物价值的古建筑外,还在于保留了它所承载的宁波人读书、爱书、藏书传统的历史信息。

(二)

抱经楼筹建时期,正是乾隆帝"用昭文治之盛",降旨纂修《四库全书》之时。《四库全书》是一部特大丛书,需要"搜罗古今载籍",故命"各督抚加意采访,汇上于朝"。卢址积极响应,进呈家藏善本。乾隆三十八年(1773)四月二十八日浙江巡抚三宝奏称:"现据宁波府禀:据鄞县贡生卢址呈缴遗书二十余种,除发局核对有无重复另行查办外,并据缴出抄存《永乐大典》内《考工记》一部,计六本,称系祖上遗留,今闻访购,情愿呈缴等语。"②

在纂修《四库全书》的同时,乾隆帝考虑到"书之成,虽尚需时日,而贮书之所,则不可不宿构"。③因闻范氏天一阁"自前明相传

①　黄家鼎《抱经楼藏书颠末考》。
②　《纂修四库全书档案》上册,1997年上海古籍出版社版。
③　弘历《文渊阁记》。

至今,并无损坏,其法甚精","今办《四库全书》,卷帙浩繁,欲访其藏书之法以垂久远"。便传谕寅著亲往该处看其房间制造之法并其书架款式,烫成准样,开明丈尺呈览。① 后来,庋藏《四库全书》的文渊、文源、文津、文溯、文汇、文澜、文宗七阁,都是仿照天一阁的式样建造的。乾隆帝在《文源阁记》中提到:"藏书之家颇多,而必以浙之范氏天一阁为巨擘,因辑《四库全书》命取其阁式,以构庋贮之所。既图以来,乃知其阁建自明嘉靖末,至于今二百一十余年,虽时修葺,而未曾改移。阁之间数及梁柱宽长尺寸,皆有精义,盖取'天一生水,地六成之'之意。于是就御园中隙地,一仿其制为之,名之曰文源阁。"又在《文渊阁记》中说:"阁之制一如范氏天一阁,而其详则见于御园文源之记。"上述二记均撰于乾隆四十年(1775),自此,天一阁书楼建筑及藏书管理方法成为藏书家仿效的典范,卢址抱经楼就是突出的一例。

卢址对天一阁极为推重,他在《抱经楼碑记》中说:"吾乡之善聚书者,首称范氏天一阁,尝爱其取之精而藏之久,以余驽下,岂敢望其肩背? 然以好之久,遂聚之多,故择之愈慎。"书楼建造亦以天一阁为规范,乾隆五十二年(1787)钱大昕《抱经楼记》确认:"兹楼之构,修广间架皆摹天一阁。"其特征主要是一列六间,楼上统而为一,楼下中厅上面彩绘水波纹。书籍藏于楼上,道光间徐兆昺《四明谈助》载:"每岁六月初,命子弟运曝于庭,亲友就观者款留,至于今不替。"嗣后,张恕《鄞南竹枝词》记述:"图书劫后更难收,天一巍然阁尚留。万选芸编余几许,藏家应属抱经楼。"②

到了民国初年,抱经楼较天一阁不同的是卢氏子孙不能守,藏书整批出售,书楼不久易主。上海书商购得抱经楼藏书后,辟专室陈放,彦曰古书流通处。学者陈乃乾记:"古书流通处初开幕时,列

---

① 乾隆三十九年六月二十四日谕旨。
② 张恕《长春花馆诗集》卷九。

架数十,无一为道光以后之物,明刻名钞,俯拾即是,入其肆者,目眩神迷,如坠万宝山中。抱经楼藏书目录,钱竹汀曾为之作序,但仅记书名册数,尚未刊传,余拟据原书勘对,笺其板刻;但古书流通处主人以迫于偿债,匆遽散售。"①书楼失去藏书功能,用作普通民宅,住家杂居,存在严重火灾隐患。1974 年 1 月,古建园林专家上海同济大学陈从周教授来宁波考察,首先提出将抱经楼迁移保护。他在《梓室余墨》一文中说:"宁波不到十年,明代住宅毁者十之八九,存者寥寥矣。……复观卢抱经之抱经楼,清乾隆间物,式仿天一阁,而大木之壮硕,构件之精确,足窥一时之财力物力,建议拆移天一阁。"②

　　其实,在天一阁外围移存古代藏书楼已有先例,早在民国二十四年(1935),重修天一阁委员会就把原宁波府学内的藏书楼尊经阁迁移到天一阁后假山之北,用作收藏天一阁新增书籍。因此,在1994 年 7 月,当我们得知卢氏抱经楼因宁波市旧城改造,无法在原址保存时,便把它列入天一阁"南国书城"建设规划,于次年 3 月,将全部构件拆迁到东园,暂存于临时库房。打算复建后,既可用于藏书,又可作为天一阁对后世藏书文化影响的实物例证,向中外观众展示,以丰富天一阁参观内容。没有想到的是在拆迁抱经楼构件的后期,却逢天一阁管理机构重新组合,此后由于改变了原定的书城建设规划,没有解决及时复建问题,致使抱经楼构件搁置至今。

　　近据知情者言:"2010 年 11 月,抱经楼全部构件已搬到白云庄,堆放在万氏墓道一侧靠墙处,当时所见构件上的彩绘已经明显退色。2013 年 10 月上旬,宁波遭遇自 1949 年以来最强台风'菲特'侵袭,暴雨成灾,堆场六十公分以下被大水淹没,部分木构件浸

---

①　陈乃乾《上海书林梦忆录》。

②　陈从周《世缘集》,1993 年 3 月同济大学出版社版。

泡在水里三昼夜,其损坏已无法估量。"由此可证,做好文化遗产保护工作,不仅要有责任心,而且要有紧迫感。近年来,文化部门正在多方呼吁奔走,希望能尽快落实地块,复建抱经楼。

(2014 年撰文)

沈氏抱经楼藏书考

清代浙江藏书家中以"抱经"命名书楼的有三家。乾隆年间，余姚卢文弨抱经堂与鄞县卢址抱经楼都很著名，"文弨寓杭，址家甬，故一时浙中有东西抱经之称"。① 清末，慈溪沈德寿抱经楼是后起之秀，有《抱经楼藏书志》刊本传世，然而其藏书事迹知者甚少，连近来出版的专著《浙江藏书史》亦无记载，为此，笔者作了一番考查。

（一）

沈德寿字长龄，号药庵，别号廞民，世为慈溪县沈师桥人。祖父纯礼，创药业。"先生幼而聪颖，得祖翁欢，年十九随侍祖翁赴湖州新市镇，游宋世滋先生门。未及一载，遭家多难，是年冬遂失怙，逾年而祖翁捐馆舍。"②沈德寿继承祖业。光绪十年（1884）春赴湖州，"晋谒陆存斋观察，③修弟子礼，观察奖许以为有儒者气象，相携登其藏书楼，悉发所藏，令观之，并语以置书法，因是遂获门径。返里后一意搜罗，断简残编，旧者新之，缺者补之，无少间。爰仿范氏天一阁、卢氏抱经楼规划，修订储藏，如数家珍"。④

---

① 民国《鄞县通志·文献志·历代本县藏书纪事》。
② 慈溪陈师范撰《沈药庵先生生圹志》。
③ 陆心源字刚父，别号存斋，晚号潜园老人，归安（今湖州）人，咸丰九年（1859）举人，其皕宋楼被誉为晚清全国四大藏书楼之一。
④ 慈溪陈师范撰《沈药庵先生生圹志》。

　　沈德寿自撰《抱经楼书目记》:"余仅温饱,不能钜赀购书,则惟自奉俭约,不为无益之费,辄遇异书,顷囊必购,人皆迂而笑之。余以为夙好在此,愿薄富贵而厚于书。"其藏书印有:"沈印德寿"白文方印,"慈溪沈氏"朱文方印,"浙东沈德寿印"朱文方印,"曾在沈药庵处"白文方印,"沈德寿秘宝"白文方印,"浙东沈德寿家藏之印"朱文长方印,"亚东沈氏抱经楼鉴赏图书印"朱文长方印,"抱经楼藏书印"朱文方印,"抱经楼藏善本"白文长方印。此外,见"浙东沈德寿家藏之印"与"授经楼藏书印"朱文长方印合用,又见"慈溪沈氏"印与"授经楼收藏金石书画"印合用,初不知授经楼与抱经楼两者是何关系,后读冯贞群《跋沈药庵抱经楼藏书志》,方知原是同一家藏印。

　　关于沈德寿的生卒年月,以及抱经楼的命名或建立时间,见存文献均无确切记载。1987 年,中华书局在《抱经楼藏书志》影印说明中也说:"沈德寿字药庵,浙江慈溪人,生卒年不详。"仅据《抱经楼藏书志》刊于甲子(1924)仲冬,志末题款"男家骥家骧家驹仝校正"进行分析,认为"是时德寿已卒,其卒年约在清末民初"。近年,慈溪文管办提供展出鄞县书法家高振霄行书手卷,书录慈溪陈师范撰《沈药庵先生生圹志》。文中说到:"先生生年六十有一。余上年既序其寿言,兹又循先生之请,为志生圹。"文末署"岁在壬戌孟春",壬戌即民国十一年(1922),若上推六十一年,则沈德寿生于清同治元年(1862)。光绪十年(1884)访陆心源皕宋楼时,年仅二十三岁。

　　《沈药庵先生生圹志》又说:"瘁数十年精力,所得既富,乃筑楼以藏之,颜曰抱经。"如此,筑抱经楼时间,当在沈德寿晚年。然而笔者在《抱经楼藏书志》卷二十三,见《东国史略》目下收沈德寿撰藏书题记:"癸巳六月二十一日,陈君山农过洪稼村先生馆中,携此见赠。药庵并记于抱经楼。"癸巳即光绪十九年(1893),可证抱经楼之命名当不晚于此年。

（二）

《抱经楼藏书志》六十四卷,署慈溪沈德寿药庵编。卷首光绪辛丑(二十七年,1901)春二月慈溪陈邦瑞瑶圃撰《抱经楼藏书记》,光绪二十六年(1900)五月二十日镇海范寿金撰《抱经楼录序》,光绪三十二年(1906)正月沈德寿撰《抱经楼书目记》。卷一至十四经部,卷十五至三十一史部,卷三十二至五十子部,卷五十一至六十四集部。各书著录书名、卷数、版本、著者,选录原书序跋,附录一部分藏书的版式、牌记、旧家藏印,以及沈德寿撰藏书题记。

从旧家藏印可知抱经楼部分藏书的来源,其中有常熟毛氏汲古阁,泰兴季振宜家,绍兴沈氏鸣野山房,宁波范氏天一阁,袁忠徹家,卢氏抱经楼,徐氏烟屿楼,城西草堂,水北阁,陈氏文则楼,董氏六一山房,陈氏旧雨草堂,沈氏蜗寄庐等。所录藏书题记不多,经初步检索,有《东国史略》、《步里客谭》、《复古编》、乾隆《浙江通志》、《珩璜新论》、《太平御览》、《礼书》、《汉泉曹文贞公诗集》诸书题记八篇,写于光绪十九年(1893)至民国二年(1913)的二十年间,反映了这一时期访书、受赠书、购书、校书、装订书等藏书活动的一个侧面。

关于抱经楼藏书数量,有两种不同的记载。陈邦瑞《抱经楼藏书记》和范寿金《抱经楼书录序》称"积书五万余卷"或"积书至五万卷"。而沈德寿《抱经楼书目记》自述:"近来搜罗将遇古本罕见而弄厨计三万五千余卷。"这样,有研究者便误以为"得书五万余卷(按实仅三万五千卷)"。① 其实《抱经楼藏书志》卷首凡例已说明:"是编载旧椠旧钞之流传罕见者,习见之书概不登载。"显然,

---

① 项士元《浙江藏书家考略》,见 1937 年 3 月出版《文澜学报》第三卷第一期。

三万五千卷指的是善本,若加上部分复本与普通本古籍,总数为五万余卷。例如近来整理出版的《三宝征夷集》一书,沈氏抱经楼原藏三种抄本,《藏书志》只著录钤有陈氏文则楼印章的一种,此外二种没有著录,今分别藏中国国家图书馆和宁波天一阁,书上均钤有沈氏抱经楼藏书印。

沈氏抱经楼藏书兼收并蓄,其特点是善本之中多宋刊古本。《抱经楼藏书志》所载宋刊本有:晋戴凯之撰《竹谱》,张华注《师旷禽谱》;唐张怀瓘撰《书断》,孙过庭撰《书谱》,陆羽撰《茶经》,马缟集《中华古今注》,李涪撰《刊误》,柳宗元撰《唐柳先生集》;宋袁枢编《通鉴纪事本末》,米芾撰《砚史》,洪刍撰《香谱》,窦子野撰《酒谱》,欧阳修述《洛阳牡丹记》,范成大撰《梅谱》与《菊谱》,陈仁玉撰《菌谱》,高似孙撰《骚略》,司马光撰《司马温公诗话》,叶梦得撰《石林诗话》等等。计晋人著作二种,唐人著作六种,宋人著作三十三种,不著撰人名字者二种,共四十三种。其中子部谱录类的书最多,集部诗文评类的书次之。

抱经楼藏书在沈德寿生前已开始散出,宁波著名藏书家孙氏蜗寄庐、朱氏别宥斋、冯氏伏跗室都收藏钤有沈氏抱经楼藏书印的书籍。朱赞卿《太平御览跋》文中生动记述抱经楼藏书的聚散情形:"德寿卖药湖州,初蓄古物,旋识陆存斋,谓金石旧拓少,书画伪作多,惟图籍则否。德寿薰习已久,交谊日挚,既得饱览旧椠,又复略涉目录。是时科举方停,图书委积,阅肆既多,收罗遂富。晚岁归老慈溪沈家塘下,累累数十大箧。斥卖殆尽,是书其一也。"又说:"回忆四十年前,因友人之介而识沈君,三宿其庐。海滨风物迥异寻常,黄蝦白蟹,鲥鱼香菌,两人对饮,常至午夜,酒酣观书,观毕议值,此书并明钞本多种遂入余箧。"冯贞群《跋抱经楼藏书志》文中也有记述:"清光绪季,贞群年二十三始有志储藏典籍,闻吾县北乡有沈药庵德寿者,能别版本,畜书颇富,以人之介,与之通函往来,互假传录。……药庵之书时时更易,倘得旧本,新者出让。贞群箧中有'授经楼'印记者其旧物也。比闻其书大半流出,所得书值,印《藏书志》及丛刊。昔张月霄《藏书志》成于爱日精庐书散之后,药庵犹此志也。"是跋撰于民国十五年(1926)丙寅四月十四日,盖亦抱经楼书去楼空之时。

近年,见学者报道,在古镇沈师桥"资西寺南侧现还存清末著名藏书楼——抱经楼"。①

(2012 年撰文)

———————————

① 方东《太极古镇沈师桥》,见 2010 年 10 月 17 日《宁波晚报》。

旧雨草堂藏书小考

旧雨草堂在宁波市区迎凤街水仓巷。以往,《宁波图书馆志》所记据《鄞县通志·文献志》旧说,以为是清末陈清瑞的藏书处。[①]鄞志载:迎凤桥陈氏为鄞巨室,陈鑑诒砚室,购书数万卷,以古学为家教。弟政钟,清同治间纂修邑乘,出其藏书以佐考订,有裨文献。鑑子康祺侨寓苏台,建别墅曰洧园,储书亦富。"康祺弟清瑞居鄞,家有旧雨草堂,雅好古碑及前贤书画真迹,藏书至数百种云。"后来,我见到用"旧雨草堂"印纸抄录的《壬癸藏剩简目录》,所录藏书多至数千种,觉得对旧雨草堂主人及其藏书事迹有考订的必要。

《壬癸藏剩简目录》朱丝栏写本五册,半页九行,行字数不等,版心下木刻"旧雨草堂"四字。卷首有辛卯畅月麟蔚《壬癸藏剩简目录记》云:"余家世守藏书,先大夫尤笃嗜之,自回翔郎署以□,出宰吴中,俸钱所入,半供插架,古今图籍粲然大备,统计百八十厨,尝拟构室数楹收储卷帙,仿天一阁之例,署曰壬癸藏,乃绌于资而未果行,盖惓惓于此者十余年矣。"文中未述"先大夫"名字,从"出宰吴中"的仕途来看,壬癸藏主人应是陈康祺而非陈清瑞。志载:"陈康祺字钧堂,同治十年进士,官刑部员外郎,改官江苏昭文县、江阴知县,资禀瑰异,工词章,尤熟掌故,善公牍文字,罢官后侨居苏州,建别墅曰洧园,储书其中。弟清瑞字清夫,一字颂叔,同治六年(1867)补科举人,官内阁中书,与康祺均以文学名,雅好古碑

① 《宁波图书馆志》卷一,1997 年 6 月宁波出版社版。

前贤书画真迹,收罗极富。"①显然,只有查清楚此记作者麟蔚的出生,才可确证其"先大夫"是谁。

近来,从陈康祺《乡谚证古》一书卷首,读到张寿镛撰《鄞县陈钧堂先生墓表》。谓先生幼有大志,敏于学,于书无所不读,藏书十余万卷,大半经丹黄,乾嘉巨儒东南耆硕治朴学诸家书什九汎览,搜残举碎,时有撰述。创旧雨社文会,来会者数十人。世传旧雨草堂文稿亦以此时刻行。同治丁卯(六年,1867)举于乡,辛未(十年,1871)成进士,请就本班,旋复请改知县,戊寅(光绪四年,1878)选授江苏之昭文县,辛巳(光绪七年,1881)调任江阴。罢官后寄寓苏州。光绪十六(1890)年十月十一日卒,春秋五十有一。先生所为书有《贻鑿经庐笔记》《郎潜纪闻》《大清律例注释》《乡谚证古》《旧雨草堂诗文集》《蓬霜轮雪词》等,总曰《旧雨草堂丛书》。"子恩纶,后改名麟蔚,光绪壬午(八年,1882)举人,山东嘉祥、江西彭泽、浮梁县知县。子凤玲,运同衔。"墓表文证实麟蔚"先大夫"为陈康祺,"壬癸藏"即旧雨草堂藏书。

陈康祺在《贻令堂家告》中有一段话说到关于藏书事,称:"刘君艺兰以一寒士,缩米聚书,凡经子单行善本及宋元以来乡先辈诗文集,收拾极多,吾家藏书十万卷,尚不及其精要。去岁余旋里,尝与君有各出旧藏并几读书之约,岁莫杂感诗所云'异书互校青藜火,此约明年践得无'即指此也。"更有钤书印记云:"百年四传万卷储,辛苦曾益痴哉余。子孙世宝璠瑰如,毋令残损饱蠹鱼。耕可无田居无庐,万分不肖鬻祖书。"②

光绪十七年(1891),麟蔚奉慈命返丧,他说:"乘便舁归储于宅中,凡百有八厨,分贻□莽兄十八厨,给予公范弟十二厨,麟蔚行

---

①　《鄞县通志·文献志》人物编。
②　陈麟蔚《壬癸藏剩简目录记》。

笈所携四十二厨。本年夏午读礼之余,手订书目二帙。"①其书目所载只是旧雨草堂藏书中的一部分,我猜想这或许是他没有在正文卷首题《旧雨草堂书目》,而只在封面题《壬癸藏剩简目录》的原因吧。此目著录各书书名、卷数、著者、版本、册数。今统计:经部七百五十四种,一千四百八十二册,六千四百五十三卷;史部五百五十四种,四千九百零二册,一万五千二百五十九卷;子部五百八十一种,一千九百十九册,六千零九十六卷;集部六百二十一种,三千零四十六册,八千六百九十卷;丛书五十一种,一千五百册,五千三百零一卷,合计二千五百六十一种,一万二千八百四十七册,四万一千七百九十九卷。麟蔚编目之举,除了"开卷了然,便于检读"外,还在于期望子孙能更好传承。他在记文最后说:"虽卷册不逮旧藏之夥,而手泽所留,宝同球璧。他日叨縻鹤俸,增庋芸编,绍范氏之遗规,竟先大夫之素志,是则私衷所深祷企者耳。"

二十世纪三、四十年代,张寿镛先生编纂《四明丛书》,宁波许多藏书之家纷纷出示所藏乡贤著作以供采辑,旧雨草堂陈氏也在"闻风献书者"之列。② 民国三十三年(1944),张寿镛既撰《鄞县陈钧堂先生墓表》,又应陈康祺之孙宗勍之请,"于《旧雨草堂丛书》中雠校其著述之一部(《乡谚证古》)"。③ 此后,旧雨草堂藏书散佚,书楼也因旧城改造而不存。

(2013 年撰文)

---

① 陈麟蔚《壬癸藏剩简目录记》。
② 冯贞群《编辑四明丛书纪闻》。
③ 张寿镛《乡谚证古序》。

小沧桑馆史话

清末民初,慈溪县费市(今宁波市江北区)出现一幢"规模西洋"的藏书楼,它就是费崇高的小沧桑馆。那时,费氏小沧桑馆与同县著名藏书楼郑氏二老阁、冯氏醉经阁相鼎足。

(一)

费崇高字瑚卿,慈溪人,生于清咸丰五年(1855)十月十二日,[1]自谓:"七岁患痘溃,两臂拘挛,因自号曲肱道人。光绪戊戌(二十四年,1898)署淳安教谕。庚子(二十六年,1900)署桐乡教谕,辛丑(二十七年,1901)兼理训导。戊申(三十四年,1908)署宁海训导。"[2]但其友人忻江明说:"君以诸生援例官训导,试署淳安,以忧未任。旋摄桐乡教谕以去。"[3]张美翊说:"君署桐乡教谕,闻君修理文庙,宫墙一新,又能援嘉庆成案,为新进文童成全功名,而其子弟则又隶门下以为广文。冷官如君,殆不愧为师表。未数年,又委署宁海训导,君知学制屡变,天下将乱,辞不就职。"[4]于是思营别业,为归老计,示无复有出山志。

宣统三年(1911)七月,费崇高购回距家百余步俗呼鬏角漕田

---

①　张美翊《瑚卿道兄广文费先生七十宴诗序》。
②　费崇高《七十述怀和梁水部见赠原韵》诗注。
③　忻江明《溪上费瑚卿广文七十赠序》。
④　张美翊《瑚卿道兄广文费先生七十宴诗序》。

四亩有奇,"规模西洋,筑楼三楹,为藏书之所"。① 书楼面南二层。其后旧有平屋七楹,为家塾,称蒙春学堂。其东西各有轩两楹。其隙地皆杂莳卉木。"逮落成,而革命军起,因颜之曰小沧桑馆以志感。藏书数万卷,以教子孙。"②"壬子(民国元年,1912)八月,整比书籍,遇大雨,遂以'听雨'榜其上。"③于是藏书处亦叫听雨楼。四周一派田园风光,友人江五民撰《小沧桑馆记》,喻之为世外桃源,"西有植物园,北沿河种竹数百竿,南行半里许,芦塘一带烟水微茫,其蜿蜒苍翠于西北隅者则马鞍山也"。

　　一座藏书楼的崛起,代表了一地方文化的传承与发展。因此,当小沧桑馆主人发出《征诗文启》之后,一些文人学士纷纷作记赠诗,纪事致贺。如今,仅在《四明清诗略续稿》一书里,人们就可读到陈邦瑞、王荣商、包用康、张美翊、黄次会等人为小沧桑馆的题咏。有的诗文反映了当年盛况,颇具史料价值,如包用康《题费瑚卿广文小沧桑馆》诗云:"汉阳风鹤九秋传,惟有吾乡独晏然。高唱上梁歌一曲,不知明日是新年(辛亥十一月十二日书楼上梁,次日值南京改正朔)。晓起搴帏揽物华,却当问字客停车。醉经二老遥想望,鼎峙慈湖三大家(醉经阁冯氏、二老阁郑氏,皆藏书家)。"又如黄次会《题费瑚卿广文小沧桑馆》诗云:"君不见司马杰阁拥百城,天一生水地六成。又不见寒村聚书滨鹳浦,卿云之气常覆护。浙东储藏十余家,鄞山慈水相矜夸。韩宣观书周礼在,遂令鲁国增光华。卓哉费翁住溪上,搜罗坟籍供清赏。手创崇构仿醉经(溪上冯氏有醉经阁),彤云皎日相炯晃。紫清观是清敏居,子孙卜宅返其初。翁今结庐得故地,佳话不让丰尚书。我闻绛云富卷轴,石溪世学亦钜观。祁氏旷园郑丛桂,南雷于此久盘桓。好之有

　① 费崇高《小沧桑馆征诗文启》。
　② 张美翊《瑚卿道兄广文费先生七十宴诗序》。
　③ 费崇高《小沧桑馆征诗文启》。

力古所难,久而不散尤匪易。岂惟善守亦善读,拱璧珍之资后起。翁设学校课儿童,蒙以养正圣之功。芝兰玉树森成列,长与带草共青葱。"

费崇高虽有"娱老转添书史癖,夜深有味伴青灯。故人笑我闭门居,兴至时还读我书"之句,然而他在小沧桑馆读书的时间并不多。除了桐乡任教谕外,数十年间,一直在府城庆安会馆工作。

(二)

庆安会馆是宁波北洋商舶捐资建立的集会议事场所。船舶"其往也,转浙西之粟,达之于津门;其来也,运辽燕、齐莒之产,贸之于甬东。航天万里,上下交资"。[1] 庆安会馆俗称北号会馆,"经始于道光三十年(1850)之春,落成于咸丰三年(1853)之冬。费缗钱十万有奇,户捐者什一,船捐者什九,众力朋举,焕焉作新"。[2] 费崇高先人参与创办。忻江明《溪上费瑚卿广文七十赠序》:"君读书其中,掌公财出入之册。"其时,宁波名士董沛应甬上运商之聘,主海运事,寓庆安会馆。"会孟如(董沛字孟如)先生校刊全氏《七校水经注》,逾年,潘学使续辑《两浙辅轩录》,四明一郡以先生主选政。君与余并得与检校之役。……年来余赁居甬上,君为寓公如故。"

费崇高在庆安会馆"以办理海运有功选用州判,赏蓝翎加五品服"。[3] 光绪三十年(1904)三月,庆安会馆职董冯全琮、董圻、苏丙森、盛钟彬、费崇高、费鸿来、苏丙薰、葛培珍八人,为会馆公产不准变卖抵押事呈请宁波府鄞县给示勒石。文中费崇高署衔"蓝翎五品衔历署淳安桐乡教谕"。此文大意为:"先辈在治下江东开设冯

---

① 董沛《甬东天后宫碑铭》。
② 董沛《甬东天后宫碑铭》。
③ 张美翊《瑚卿道兄广文费先生七十宴诗序》。

公一、董大生、费敦大、费复大、盛悼记、童甡记、葛大成、苏祥和、苏恒久等北号,共计九家,曾于道光三十年始创建天后宫并庆安会馆。船捐户捐外,又集资一万六千九百千文,厥后岁有赢余,陆续置买房产三十一所。此系公产,公议不准变卖抵押。讵料各号先后停止。庶各号有稽查之责,而馆产无失管之虞,钞粘房产清摺,公叩给示勒石。"①董事们的共识是使庆安会馆优秀建筑得以保存至今,而成为全国重点文物保护单位的重要内因之一。

费崇高在庆安会馆任职数十年,交游甚广,有《小沧桑馆甲子唱和集》印本传世,反映了他与文人学士的交往。甲子为民国十三年(1924),是年费崇高寿七十,"同仁先期为诗以祝难老"。②唱和者有慈溪冯开、陈训正、杨鲁会、杨敏春、杨显瑞、沈思、洪允祥,鄞县张美翊、梁秉年、范赓治、包科骏、徐方来、吴世禾、梁锡瓒、朱炳蕃、忻江明、高振霄、励延豫、张原炜、黄次会、朱增春、戴鸿祺、袁丙熊、陆澍咸,奉化竺士康、竺麌祥、孙锵、孙振麒,镇海王家藩、陈祖诏,会稽车书,汉阳赵润,共三十二人。

民国二十八年(1939),费崇高因病离开庆安会馆,回到费市,不数月,于农历六月初九日在小沧桑馆去世,享年八十六岁。

(三)

小沧桑馆所藏除书籍外,还有碑帖和字画,其藏品的积累始于费崇高之父费邦翰。邦翰字屏周,号曼书,又号莲溪。董沛《费曼书六十寿序》说:"君世籍慈水,称巨家。君少读书即不屑章句,试行省者二,遂弃去。循例得京曹,以母氏年高亦不谒选。壬戌(同治元年,1862)之秋,故居遭寇毁,君就基址茸治完整,小园无恙,饶

① 见《北号会馆老帮冯全琮等呈请会馆公产不准变卖抵押以供祀事告示碑》。

② 张美翊《瑚卿道兄广文费先生七十宴诗序》。

假山池馆之胜,杂莳花草以为娱乐。尝得阮文达公隶书'半圃'二字,颜其居室,绘图记之,会稽孙岘卿,甬上刘艺兰,同里葛豫斋皆有题咏,余亦预焉。"鄞县童德厚《题半圃图》诗中云:"曼书先生笃志人,且耕且读兼一身。风景南楼兴不浅,图书东壁罗其珍。"费邦翰自题诗中也有句云:"客来有酒亦有肴,园蔬自比珍羞愈。其间荷锄多暇日,癖古闲搜书画谱。"

阮元隶书"半圃"和旧拓本《颜鲁公书东方朔像赞》是小沧桑馆的镇库之宝,均经董沛题跋。"半圃"原是题赠"盛藕塘司马"的,"隶法绝工,后为费君曼书所得,吴小松为之图"。《颜鲁公书东方朔像赞》碑拓本"字画完整,神采奕然,洵世间希有之本。慈溪费君曼书珍藏之,不轻示人,后有万隐君寿祺跋语"。

不知何故,费崇高生前已将部分藏书出售。此事见朱鼎煦《白氏长庆集跋》,谓:"廿年前,小沧桑馆主人慈溪费瑚卿以藏书货于书友,议值而未定,瑚卿询余,余益其值载之归,检阅讫,无善本。瑚卿不知书,且廉其值,其无善本宜矣。"惜未记确切时间与书籍数量。至于版本,此"明马巽甫刊《白氏长庆集》,亦费氏旧藏,有'小榭山房记'朱文长方印,及'崇祯丁丑岁四月校'朱笔题记。又有另一手笔题云:'道光六年屏山八十老人照汪立民重校改补,汪本亦有错字,不改也','七八两年再增考释,未称尽善'云云,亦朱笔。"既为明刊校本,应属善本之列。

费崇高有二子,长声大字慈年,次声太字恩年,均任教而早逝。有孙二人:长民雄,亦早逝;次民权后改铭劬、闵渠,民国元年(1912)生,历任钱庄、银行职员,后从医。费崇高去世那年十一月,其姻亲梁锡瓒有《宿费氏小沧桑馆》诗,反映了当时的情况,诗云:"放棹江之浒,逶迤十八滩。欲寻半圃迹,不见广文官。梧庵景犹在(费丈曾任桐乡教谕,其署中有梧甚茂,归里后植梧于庭,题曰梧庵),芸编香未残(馆中藏书颇富)。长房已仙去,思旧泪空弹。吾妹于归后,苍茫四十秋。昔闻拳石逝(费丈次子恩年自号拳石生），今作大雷游。灯畔话家难,樽前动客愁。烟尘满乡土,明日上归舟。"

费崇高去世后,留在费市的藏书在战乱中散失殆尽。在甬东的藏书除少量医书、诗集等外,多在"文革"初期被家人当作废纸卖掉,其中仅清光绪三十年（1904）图书集成局石印本《古今图书集成》就有一万卷。所幸有姜宸英、万经、任小楼、昊伯滔、赵叔孺等名人书画十件由费氏家族代表送到宁波市文物管理委员会,后来落实政策,于1984年11月4日全部返还。

至于书楼遭遇,一位自号平淡女史者有诗可证。女史童年时常住小沧桑馆,"受瑚卿公侧室继外祖母周太夫人恩养",出嫁后定居上海。有《忆小沧桑馆》诗云:"最难相忘小沧园,前尘影事记髫年。落花庭院无穷趣,青草池塘别有天。令节不违常经过,醉心风物时留恋。而今故交如云散,空对高楼悲逝川。"十年动乱后,1976年女史回甬探亲,4月7日转费市,"欲重温旧梦",见断壁颓垣,毁坏严重,感而赋诗:"沧桑小筑半成墟,转眼又将甲子年。煮鹤焚琴叹乱世,飞觞分韵羡前贤。柳堤曾结捕蝉网,花圃常挥扑蝶扇。听雨楼前怅望久,暮村缕缕起炊烟。"1990年4月3日再返乡,再赴费市访小沧桑馆,"旧址已改为中学矣"。诗云:"清水埠头仍绿杨,不堪重访旧门墙。桂堂兰室成荒草,花圃竹林辟操场。纵有贤孙继世泽,再无先辈咏沧桑。空余听雨高楼在,雨雨风风听断肠。"1997年10月,女史赴费市重访小沧桑馆并会儿时小友,成一绝句:"七载风霜磨两鬓,雨中重晤陪凄清。那堪无限沧桑感,大地茫茫一扫平。"原来,此前小沧桑馆建筑已被全部拆除。真是无限惆怅吟别梦,空留余韵补诗史。

（2012年撰文）

藜照庐二三事

林集虚是宁波有名的书商兼藏书家。"鬻与藏皆有功于书者也",①林氏通过商业手段流通书籍,发现善本,建立藜照庐藏书,在宁波藏书史上颇为特殊。

(一)

林集虚本名昌清,字乔良,号心斋,鄞县人,清光绪二十二年(1896)正月初九日生,公元 1958 年 9 月 27 日卒。② 父彬甫,字仕荷,在宁波又新街开设大酉山房书铺,在县前街设三余堂书铺,经营古籍。为增加货源,自己刻印书籍,内容有童蒙读本、医书、佛教用书、宝卷、时曲、小说、诗歌等,多实用通俗读物,仅《鄞县通志·文献志》所载,大酉山房刻本就有五十余种。此外还收集旧版,择要重印,如民国十六年(1927)"以所蓄书版汇印之为《三余堂丛刻》十二种十七卷"。③

林集虚"从其父仕荷以鬻书为业,士之好古搜遗以足其所藏,与夫故家之沦坠不振出其所藏以求售者,往往交于其肆"。④ 其父去世后,"约在 1932 年,林氏兄弟开始分家,集虚得到往日经营的

---

① 叶揆初《卷庵札记》。
② 李小妹《林家书铺出版典藏考》,见 2001 年 12 月《甬图通讯》第六期。
③ 冯贞群《三余堂丛刻序》。
④ 民国《鄞县通志·文献志》中《现代本县公私藏书纪事》。

古籍"①继续经营。即于民国二十一年（1932）以鲍氏凤英斋所刻书版重印了一部分民间文学曲艺演唱资料，称《蔡照庐汇印》十七种。凤英斋自光绪至民国所刻山歌、时调、串客凡一百种有奇，后版片分散，林氏仅得此数，汇印成集。同时且买且卖，"久之辄能辨别版之真赝"，②常常收购到珍椠善本，引起学者和藏书家的关注。

　　民国二十年（1931）夏天，赵万里、郑振铎到宁波访书，会晤在原籍休假的马隅卿，一日，三人在孙氏蜗寄庐发现明蓝格抄本《录鬼簿》一册，又在林集虚大酉山房发现姚梅伯手稿《今乐考证》六册。"这二书都是研究中国戏曲史的重要参考文献。"③"姚氏之《今乐考证》亦矜为秘籍，后为隅卿所得，北大亦尝为之覆印。"④民国二十二年（1933）秋，马隅卿又从大酉山房购入的残书堆中"检获清平山堂刊《雨窗集》、《欹枕集》二册（天一阁旧藏）诧为奇遇"。⑤《清平山堂话本》六集，明嘉靖间洪楩编刻。全书今不可见，存此二集十二篇外，日本内阁文库藏有十五篇，均为孤本，北京文学古籍刊行社曾合编影行。

　　上海著名藏书家黄裳亦曾至甬访书。他在《范运吉传》书跋中说："甬估林集虚所存天一阁故物不少。去冬游四明，卖书之肆皆识林君，亦皆钦佩其目光如炬，能拔善本于丛残之中。余因访之于其家，告此书原本尚在，即嘱其检出挟沪，今日始至。原装一册，犹是明时包背，刻版古雅，倾囊付之，挟册而归，喜不自胜。"⑥黄裳

---

① 李小妹《林家书铺出版典藏考》，见 2001 年 12 月《甬图通讯》第六期。
② 民国《鄞县通志·文献志》中《现代本县公私藏书纪事》。
③ 赵万里《录鬼簿跋》。
④ 郑振铎《录鬼簿跋》。
⑤ 郑振铎《劫中得书记》。
⑥ 黄裳《翠墨集》。

收藏天一阁散出书甚多,除《范运吉传》外,如《绿雪亭杂言》、《通典》、《禄嗣奇谈》、《宦辙联句》、《孤树衷谈》等,均"得之甬估林集虚"。①

宁波本地藏书家的藏书进出,多与林氏大酉山房有关。尤其是藏书家冯贞群与林集虚的交往更为频繁,林氏遇有罕见之本,往往先行告知,冯贞群亦慷慨出示其所藏。如冯贞群《南雷文定》书跋云:"昔阅《昭代名人尺牍》,有全谢山与郑南谿假《南雷文定五集》札,知粤雅堂刻本为未尽。乙亥(民国二十四年)正月,大酉山房林集虚告我,顷收得《南雷文定五集》,叹为未见,急假之来,手写一本,自上灯夜起,越二十二日而毕。"又如冯贞群《借书目录》载,自民国十九年至二十六年(1930—1937)间,林集虚多批次借阅其伏跗室藏书,共计一百十八种。

(二)

林集虚在经营书业的同时,"亦自收藏,积三十年,所蓄渐富"。② 其藏书处称藜照庐,藏书印有"鄞林氏藜照庐藏书印"朱文方印,"鄞林氏藜照庐图书"朱文长方印,"甬上林集虚记"朱文长园印等。藏书目录未见,不知所藏书籍数量,也许藏与鬻并未严格区分,无需编目。所见唯一能反映其藏书情况的是收录在《鄞县通志·文献志》里的《藜照庐善本书目》。

《藜照庐善本书目》著录各书著者、书名、卷数、版本。今初加统计:经部二十五种,四百五十卷;史部七种,九十一卷;子部四十九种,三百五十九卷;集部二十七种,二百五十九卷;共一百零八种,一千一百五十九卷。有元刻本一种,明刻本五十六种,明抄本二种,清刻本二十七种,活字本一种,旧抄本十七种,批校本一种,

---

① 黄裳《来燕榭书跋》。
② 民国《鄞县通志·文献志》中《现代本县公私藏书纪事》。

稿本二种,日本刻本一种。其中罕见本如杨桓《六书通》,元余谦补修至大刻本;丁度《集韵》,黄彭年旧藏,以三种宋本校;姚燮《疏影楼词续钞》,稿本;《刘蜕集》抄本,二老阁旧藏,冯登府题记;张照《灵寿县志》,明万历原刻本等。

　　保存地方文献是藜照庐藏书的另一个特点。二十世纪三十年代,张寿镛编《四明丛书》,冯贞群曾函告:"前过通志馆,见有书贾林集虚《藜照庐书目》,乡人著作计百种有奇,多属稿本,特将其目写寄,以备采择。"①可知其收藏之富。只是提供这份专题书目时,《四明丛书》已编至第六集,所以藜照庐藏书的使用,只在第七、八两集中得到印证。例如明张邦奇撰《养心亭集》八卷,自明以后未经重刊,天一阁只存残本三卷,而藜照庐藏有全书。于是张寿镛借藜照庐藏嘉靖刻本,校天一阁藏本后付刻。又如元赵偕撰《赵宝峰集》二卷,明沈明臣撰《白岳游稿》一卷,都用藜照庐藏本作为互校之本。

　　藜照庐藏书也经历由聚到散的过程,据其家人所述,"藏书散出最快的是 1957 年至 1960 年这段时间"。② 也就是林集虚去世前后的五六年间。书籍有的转让北京图书馆,有的卖给上海书商韩某人,"最后一批由绍兴人论斤买走"。③

　　绍兴古旧书店派人来甬购藜照庐剩书是在 1963 年 11 月。一天上午,有人打电话给宁波市文物管理委员会告知此事,我立即前去察看。听介绍,这批书都是残本,所以只以略高于废纸价格成交,并已装进十来只麻袋,下午就要运走。于是匆匆打开两袋,竟意外地发现几册《康熙字典》批校本,因非足本,我要求再把其他几袋打开,而书商说已买好火车票,再看恐误点。最后商定,只找

① 　冯贞群《伏跗室文稿》复印本第二册。
② 　李小妹《林家书铺出版典藏考》,见 2001 年 12 月《甬图通讯》第六期。
③ 　李小妹《林家书铺出版典藏考》,见 2001 年 12 月《甬图通讯》第六期。

这部书，其他的就不看了。这样又从另外几袋里找出多册，据书脊所写册次核对，全书四十册完整无缺。这部书就藏于天一阁，书上朱笔校注甚多，书中夹墨笔校签也不少，但未见批校者署名，唯第四十册封底背面左上角题"三三、五、十九日修装即四十九岁四月廿七日"十八字。据民国二十五年（1936）二月二日赵万里《今乐考证》影印本题跋说："林集虚生平有一弘愿，费了半世工力，想把《康熙字典》加以修正出版。"故疑是书即其未定稿本。然而此后冯贞群在著录《目睹天一阁书录》一书时注说："林集虚有《张刻本玉篇集韵类编正误》，待梓。同时登天一阁检阅者吴文莹著有《康熙字典校误》等数种，皆待梓。吴文莹字韵笙，镇海人，诸生。"①再细看校文，书上朱笔字迹劲秀，小楷工整，所夹校签，书写随意，非出同一人之手。如此，是书或为吴文莹、林集虚同校。

（三）

有两件事可以说明林集虚"利人之藏书"，一是刊印《藜照庐丛书》，二是编录《目睹天一阁书录》。

林氏早年刻印或排印古籍，均以大酉山房署名，如民国十年（1921）据天一阁旧藏嘉靖刻本排印的明沈明臣《白岳游稿》，版心下方印有"大酉山房林集虚刊"二行小字。后来编刊丛书，才以藜照庐署名。我闻《藜照庐丛书》的发端，原于林集虚与冯贞群的一次交谈，冯贞群时任鄞县文献委员会委员长，林集虚戏问："藜照庐怎样才能出名？"冯贞群引清季著名学者张之洞《劝刻书说》作答："凡有力好事之人，若自揣德业学问不足过人，而欲求不朽者，莫如刊布古书一法。其书终古不废，则刻书之人终古不泯。且刻书者传先哲之精蕴，启后学之困蒙，亦利济之先务，积善之雅谈也。"

《藜照庐丛书》署鄞林集虚心斋编辑，民国二十四年（1935）六

---

① 冯贞群《鄞范氏天一阁书目内编》附录三。

月木活字本,线装六册。每半页九行,行二十字,版心下方印"藜照庐丛书"一行。收龚瑽《续千字文》一卷;况澄《广千字文》一卷;宋彭大雅编徐霆疏《黑鞑事略》一卷;明徐养正撰《范孝子传》一卷;清黄宗羲撰《黄氏家录》一卷;清黄璋撰《杨龟山先生年谱考证》一卷;清黄宗会撰《四明山游录》一卷;明徐天衡撰《余庆录》一卷;康熙御制《百家姓》一卷;明张位撰《道德经注》一卷;明叶宪祖撰《青锦园赋草》一卷附广连珠一卷;清黄宗羲撰《南雷文定五集》四卷;清陈梓撰《定泉诗话》五卷;清黄千人撰《闺词杂怨》一卷;清黄璋撰《宜园词》一卷。共十五种二十三卷。底本"悉据家藏原刻本及钞本,为各家丛书所不经见者汇成一函",①如《黑鞑事略》据天一阁旧藏明抄本,《范孝子(运吉)传》据天一阁旧藏明刻本,《南雷文定五集》据原刻本。出版学术著作,与以往刻印日用通俗读物不同,不但无利可图,而且还要付出,其目的正如书上林集虚题记称:"刊印秘籍,公诸同好,以广流传。"《藜照庐丛书》的出版,有功于文献。

至于编刊《目睹天一阁书录》,所付出的精力与财力则更多。那是民国初年,天一阁藏书大量被窃,引起文化界人士的关切。林集虚"欲将阁中之书详考重编一目"。但碍于阁中规例,"所愿未遂"。直至民国十七年(1928),以出资"银百余版"修理阁中正柱为条件,"许开阁以十天为期,经始自七月二十日登阁检阅,邀吴师文莹、范丈寅集、朱君赞卿协助写录,为日无多,忽促而毕"。②"迁延十载,及二十七年四月,方得印成"。③

《目睹天一阁书录》四卷附编一卷,首列缘起,区经、史、子、集四部而不分类。著录经部六十九部,其中散出八部;史部九百五十

---

① 林集虚《藜照庐丛书》目录后题记。
② 林集虚《目睹天一阁书录缘起》。
③ 冯贞群《鄞范氏天一阁书目内编》附录三。

部,其中散出十五部;子部二百十八部,其中散出三十五部;集部二百二十一部,其中散出三十五部。共计一千四百五十八部,包括散出九十三部,实存一千三百八十六部。此外还记录范氏家著二十一部,新藏书四十二部,附编图目、匾额、联语、禁牌规例、范氏奇书目、范氏家刻版片目,及林集虚《辨天一阁藏书非丰氏万卷楼旧物》文。《目睹天一阁书录》与此前所编天一阁书目比较,具有两个明显特点:一是记录与版本鉴别有关的各书版式、牌记、刻工姓名,书纸种类、书根题字,藏书印记颇为详尽,二是阁中流出之书经其眼者亦分别编入目中,上加"墨盖子"作为标识。《目睹天一阁书录》的编印,有功于天一藏书研究与历史研究。

新中国成立之初,宁波市文教局为依靠社会人七保护文物,于1952年12月11日成立宁波市文物保护讨论会,林集虚被聘为调查组和鉴别组成员。1954年1月,林集虚将得自冷摊的周彦撰并手书《范氏重修天一阁记》册子归之于阁。周彦字涧东,鄱阳人,"道光乙未(十五年)观察四明",次年,应范邦甿之请追记道光十年(1830)范氏子孙重修天一阁事。此文是继黄宗羲、全祖望撰《天一阁藏书记》与阮元撰《天一阁书目序》之后天一阁的又一重要历史文献。

(2014 年撰文)

《清防阁赠书目录》后记

《清防阁赠书目录》初稿抄竣后,天一阁入藏了一批由宁波市文物管理委员会办公室移交的杂书,又从中捡出数十帙钤有清防阁藏印的线装本书籍,数年间未曾著录。余今春稍暇,即拂尘去蠹,整理丛残,增编补遗于卷末。

补遗之书共有一百十种,计一百十二部,五百三十九册,一千一百十八卷。其中较多的是近代坊刻或石印、铅印之科举考试参考用书,以及词曲、小说类图书。补遗书目按照旧编初稿类序编排,因初稿编制时间较早,当时据《中国古籍善本书目》编委会初定的分类表分类,小说入集部,居词曲之后,故补遗时亦循旧例。

补遗书中有清光绪刻本《白门新柳记》一册,卷首杨臣勋手书:"光绪十三年岁次丁亥八月上浣文昭杨炳翰于爱吾庐中珍藏。"杨臣勋抄本《浙诗选》卷首题识自署"光绪庚寅夏六月文蕉氏识于爱吾庐中",下钤"四明杨臣勋文蕉珍藏"朱文方印,"爱吾庐主人"朱文长方印。又杨臣勋作于光绪十五年(1889)的《浙诗拟作》稿本书名页上亦钤有"爱吾庐主人"朱文长方印。由此可知,杨氏早年藏书处称爱吾庐。

读杨臣勋著《小楼新咏》,见第一册有《题爱吾庐》诗三首,其末一首云:"我爱先人遗旧楼,三间无恙水之西。枉思别业门楣盛,容住几年著碗携。灯火夜窗春梦杳,诗书满架古尘迷。此中小筑差堪乐,名利无营任品题。"第二册又有《自题爱吾庐》五、七言各一律,其一云:"何处是吾居,孤村旧草庐。安眠真暇豫,容膝亦宽舒。棋局聊相对,书城拥自如。晚来持钓罢,无意得嘉鱼。"诗中说到了爱吾庐是杨氏先人留下的三间旧楼。那时楼中已有满架诗书,称得上自拥书城。

清防阁之说,盖本于晋夏侯冲《答潘岳》诗:"相思限清防,企伫谁与言。"其后,南朝宋颜延年有《直东宫答郑尚书》诗:"踟蹰清防密,徒倚恒漏穷。"唐温庭筠有《太液池歌》:"腥鲜龙气连清防,花风漾漾吹细光。"至明代,王志坚辑《表异录》二十卷,其中卷五器用部载:"颜延年云:踟蹰清防密。注:清防,屏风也。"然而杨氏清防阁之命名,不知始于何时。

(2000 年撰文)

忆访蜗寄庐

1982 年 3 月的一天,我偕同事洪君可尧去蜗寄庐藏书楼专访孙定观先生。先生宁波人,二十世纪二十年代毕业于上海大同大学,执教宁波商校,曾任教导主任,校务委员会主任等职,一生从事教育文化工作。六十年代,任宁波市文物管理委员会委员。因文管会办公室设在天一阁,所以他常常到天一阁来,我们相互都很熟悉。那时在文管会工作的只有五、六个人,大多比较年轻,每当有问题请教,他都能耐心地答复。1964 年 10 月 6 日至 15 日,因战备,天一阁原藏书籍要分甲乙两类打包,先生义务协助我们选书装箱。他认真细致的工作作风,也激励我们更好地完成任务。

蜗寄庐位于宁波城南塔前巷,楼屋三楹,楼前有围墙。那天天气晴朗,大家坐在天井南墙花坛边的椅子上,晒着初春的太阳,促膝交谈。先生是现代著名藏书家孙家溎先生之子,是蜗寄庐藏书的第二代传人,所以,我们请他谈谈关于蜗寄庐藏书的史事。

历来的许多藏书家几乎都要在水、火、虫、散等自然和人为的破坏中经受考验,尤其在战争与社会动乱时期,典籍的保存更为不易,蜗寄庐藏书也不例外。抗日战争时期,民国二十九年(1940),宁波沦陷前,孙定观先生协助父亲孙家溎先生把一部分藏书用细麻袋包装,转移到鄞县鄞江桥建岙大桥孙氏祖墓坟庄(万林山庄),另一部分原箱随身运去凤岙。后来,在建岙的书籍,因柴间起火,有二袋被焚,用水泼灭,书已损坏。在凤岙的书籍,因山洪暴发,放在最低的书箱进水。直到抗战胜利后,书籍才运回宁波,运输途中因船只倾斜,又有二麻袋书被浸湿,受到一定损失。不久,孙家溎先生因病去世。从此，整理保管蜗寄庐藏书的责任就落到孙定观先生身上。

在"文化大革命""扫四旧"之初，宁波九中学生进入过蜗寄庐。孙定观先生对我说："当时红卫兵拿走了同文版《水浒传》和《三国演义》等书籍，还有老寿星等字画。"为此，他很快与文管会同志联系，并当机立断，表示要把藏书送给天一阁。一个月后，蜗寄庐藏书运到天一阁。在此后很长的一段时间里，这批书籍被封存在中营巷文物仓库。"文革"以后，进一步落实政策，先生一再表示不改初衷，把古籍、字画捐赠天一阁，"既完先严遗志，复使蜗寄庐遗书幸免浩劫，至今追思，诚不失为顺应潮流之义举"。于是在1979年10月举行了赠书仪式。

授赠之后，我们着手对古籍进行分类编目。关于蜗寄庐藏书历史和书目编著情况，我在《蜗寄庐赠书目录前记》一文中有所叙述，文中的部分史料，就来自那次专访时孙定观先生的口述。数十年过去了，先哲已逝，然而旧时情形，仍久难忘怀。

（2010 年撰文）

读识别宥斋

　　二十世纪六十年代初,我到宁波市文物管理委员会工作,遂得拜访朱赞卿先生,并数次去先生别宥斋藏书楼看书。书楼内既藏古籍又住家属,显得比较拥挤。因藏书多,书箱堆叠很高,放在上层的书,有时只好唤其孙子站到高凳上去取。看到这种情景,我不好意思经常去打扰。那时,对别宥斋还知之甚少。后来陆续抄读赞卿先生撰写的部分藏书题跋,又阅读《别宥斋诗文集》,才进一步认识了别宥斋。

　　《别宥斋诗文集》蜡纸刻油印本一册,书上未刻书名、目录与页次,首末无序跋,大致按前文后诗编排(第四页文末与第五页文前插入诗五首)。全书十八页,无栏,每页四十行,满行四十四字,共约三万字。此书在民国《鄞县通志》与1950年沙孟海撰《朱君生圹志》等早期文献中还不见记载。1953年4月,先生自撰《朱鼎煦简历》,始称:"我年虽六十八岁,精力尚能为人民服务,如鉴别书籍版本及其他古物略有门径。著有《藏书家名号录》、《别宥斋诗文集》,在清缮中。"《藏书家名号录》后改称《藏书家名称印鉴大辞典》。《别宥斋诗文集》今藏天一阁,书中诗文多无纪年,卷末《一年》《红牵牛花》二诗,分别署"丙申孟春"和"丙申五月廿四日",可证全书刻成于1956年以后。

　　我所见《别宥斋诗文集》为油印后赞卿先生手校本,封面楷书《别宥斋集》四字,油印页上有多处校改,第十五页和第十八页补录诗词各一首。全书共收诗文八十四篇。

　　文二十篇,有序、跋、记、墓志、祭文、传述、论、赞、铭、书、评。

但未收录藏书题记。书中《萧山朱氏五世画像记》、《亡弟受青墓志》两篇,记述朱氏家世。朱氏先人于元代"自江西来,奠居萧山朱家坛,迄今四百八十年"。赞卿先生五世祖景兆,为始迁祖寿公第十一世孙。高祖盈美讳炜内。曾祖人祖讳辂耆。祖瑛盘讳铭。父稚谷讳嗣琦,清贡生。兄国采、鼎熙,弟鼎勋,即受青也。《香句室忆语》专述别宥斋藏书事,撰写于抗日战争时萧山书藏被毁之后。先生痛心不已,反复追忆,陆续写成,共四十六自然段。略云:"丁丑七月七日以来,以读书消其沉忧,庚辰正月以来,则以烧书而增其沉忧,世孰知吾书之美耶。……举世间势位利禄之事无以动其心,一以藏书、抄书、勘书为之,岂不知城邑邱墟之变多乎?……智者避危于无形,而明者达见于未萌,祸因多藏于隐微,而发于人所忽者也。毕生所聚已去太半,直攘肌而碎骨,中夜念来,忽若有遗。……得一善本则帖然以喜,买一劣书则爽然自失,今皆随纸灰飞去,得丧之念泯焉俱忘。"读后亦令人为之缠绵隐痛。

诗词六十四篇,有赠诗、纪游诗、寿庆诗、悼念诗、感怀诗、题书画诗、纪事诗、咏物诗及词。又辑集萧山谚诗。《曝书》是一首长诗,写别宥斋及当代几位藏书家遗事,是一篇藏书史的珍贵文献。诗略云:"病起阅市遇伏跗,匆匆晤谈时将午。伊言先去曝藏书,触我老怀髀空拊。伏跗曝书我卖书,论斤而去贱如土。物各有幸有不幸,悔我从前多积聚。论斤之书是下驷,伏跗所曝亦尘土。伏跗遭乱书无恙,去岁斥去好毛羽……"《移居》、《书怀》、《自从》、《一年》为赞卿先生自述。《书怀》一首长诗约写于抗日战争鄞城藏书迁避山区或稍后时,在自叙身世后接着写道:"萧山来结鄞山缘,松竹樱梅屋两椽。庵火飞丸居不得,孤舟风呇溯西川。日日凄风苦雨中,晚来只盼夕阳红。云开又见驾鹅舞,蚩雾阴霓罩甬东。乱弹蜂窠壁上如,灾情罄竹不堪书。便持郑侠悲慈笔,难绘流民百幅图。弱息雏孙在睡乡,半空戎艇乱开枪。穿床破牖迷烟气,微命同留阅海桑。白象桥头且卜居,岩溪谷饮灌园蔬。如何淘米锄柴客,辜负胸中几卷书。"其时巨柜累累,转徙流离,盗贼垂涎,向其劫掠,伤手及臂。诗人在战乱危难的处境里,守住藏书,保护祖国文化遗产,其高大形象跃然纸上。

《别宥斋诗文集》由作者亲自选定,可以说已经集中了朱赞卿先生的主要诗文著作。但油印本编成之后所撰遗文尚待补录,藏书题记数量更多,如明刻本《金莲记跋》、明抄本《周易要义跋》、清万斯同稿本《明史列传》跋等都具有历史文献价值。因此,在整理出版《别宥斋诗文集》之前,还需认真做好辑补校订工作。我期待此书能化身千百,与别宥斋赠书共存天壤间。

(2012 年撰文)

三、读书偶得

范钦著作的三种天一阁刻本

范钦著作中有《奏议》、《天一阁集》、《古今谚》三种明代天一阁刻本。这些古籍是我们研究范钦、研究天一阁的重要文献。历经四百三十多年而岿然独存的天一阁,如今居然保存着这三种刻本的部份明代版片,这些版片居然还可以用来补印书中的缺页,这在我国雕版印刷史上也是罕见的事例。现在我把这三种天一阁刻本的状况记述如下:

奏 议 四 卷

本书收录范钦任钦差巡抚南赣汀漳等处地方提督军务都察院右副都御史时的奏议。但正文首页未署著者姓名。

此书国内仅天一阁和北京大学图书馆两家收藏,惜均非足本。天一阁原有藏本见载于嘉庆十三年(1808)阮元等所编《天一阁书目》,至光绪十年(1884)薛福成重编《天一阁见存书目》时已经残缺。遗存竹纸印本一册,封面冯贞群题记:"范司马奏议四卷,民国二十六年以阁中旧藏与残版合并,得五十六页,装成一册。"细审之,前两卷除卷二第二十三页据残版新印外,其余为原藏初印;后两卷除卷四第十四页为初印外,其余十八页均据残版新印。补印之书,印刷模糊,文字多不能连读。1955年1月,新购得棉纸印本一册,存卷三至四,内容可补前本之不足。若两部配合,去其重复者,卷一存三至十九页(止),卷二存一至十八页、二十一至二十三页(止),卷三存一至二十八页(全),卷四存一至十四页(似全),共计八十页，缺页不多，其中除卷二第二十三页与卷四第十三页系据残版新印外，其余均存明代初印之页。近来，我在读完《奏议》后，发现明代雕版时，把卷三第五、六、二十、二十一、二十二数页版心上"卷之三"误刻为"卷之四"，故民国年间据残版刷印后重装时，亦把卷三这五页误订到卷四之中，造成错简。

北京大学图书馆藏本存三十七页，唯卷一第一、二两页可补天一阁藏本之所缺。近年得此两页复印件，附于天一阁原藏本卷首，使《奏议》的历史面貌更加完整地呈现在读者面前。

此书现存版片双面十四片，单面一片。版式为每半页十行，行二十字，白口，单鱼尾，四周双边，版心刻"奏议"，见存之页均不记刻工姓名，书之前后无序跋，故不知刻于何时。

嘉靖三十七年（1558）十月，范钦升都察院右副都御史，提督军务，巡抚江西南安、赣州，福建汀州、漳州，广东南雄、韶州、惠州、潮州各府及湖广彬州地方。奉谕："但有盗贼生发，即便严督各该兵备道守巡并各军卫有司设法剿捕。"至嘉靖三十九年（1560）十月，前后历时两年。奏议内容约可分为五个方面：

一、到任谢恩。范钦先任河南布政使司左布政，奉旨后，水陆兼程，于十二月二十九日前到赣州府地方，到任接管行事，即上奏谢恩。不久，又上奏交收关防、符验、旗牌事。

二、奏报倭情。范钦于嘉靖三十八年（1559）二月初八日和十一月二十八日两次奏报倭寇在广东潮州等处活动及官兵攻剿情况，以为潮州地方"濒临海岛，商船辐辏，物殖繁衍，倭奴久已垂涎。比年浙直诸处剽掠殆尽，乃今及于广东，盖蚕食之势相沿，而狼贪之欲靡厌。……迩年倭寇侵扰为害，若不亟加扑剿以示惩创，诚恐益肆蔓延，不惟小民祸患日深，犹恐内盗乘机窃发"。

三、地方治安。包括为议复参将以安地方事，为军需缺乏亟图计处以绥地方事，为地方贼情事，为急缺捕盗官员事等数篇。范钦以为"虽南、赣、汀、漳、惠、潮、彬、桂设有守备官四员，然皆地分各省,兵无统制,每遇盗贼生发,以追逐出境为功,殊于流毒,贻害无补"。故于适中之处设馆筑城,并建议复参将一员,居中统理,以资控扼。

四、平息兵乱。第三卷专述募兵冯天爵等动乱之事。嘉靖三十四、五年间(1555—1556)募兵征倭,冯天爵等陆续至广城及潮州、南雄等处,投募做兵,后转往福建。三十八年(1559)七、八月间倭夷开洋散去,随奉浙福军门会议通将广兵选择发回。冯天爵等潜躲不肯遵依回还,次年见粮食用尽,冯天爵对众说:"我等都是好汉,离家数年,归无余资,即今散去,莫若沿途掠些银物,先壮颜色。"凑并徒党共约二百七十五人,冯天爵自号冲天大王,自福建福州府起身,沿途行劫,杀伤人口,掳掠妇女,抢夺库银。范钦奏报督兵追捕过程,称:"冯天爵等本系应募广兵,辄敢纠连夥党,内蓄祸心,外张名号,僭用冠裳、轿伞,伪刻关防、批牌,戕人性命,奸人妇女,驯至攻劫库藏,敌杀官兵,转战迤历于三藩,流毒已延于数月。诚神人之所共愤,国法之所不容,虽非境内盗贼,乃今擒捕殆尽。"

五、举劾官员。包括为荐举贤能方面官员事,为荐举抚属守巡官员事,为议处有司官员以资安攘事,为比例议处地方官员以重保绥事,为举劾有司官员以昭劝惩事,为荐举教职官员以备叙用事,为荐举境内贤才以备录用事等数篇。奏云:"臣猥以凡庸,谬承上命,督抚一方地联四藩,各该兵马钱粮弭盗安民事宜俱经督行,各布按二司掌印官及曾经署印官一体修举外,二年以来,盖尝于各官验其行事,察其心术,要皆一时之选。"范钦以为治以用人为先,臣以荐贤为职。所劾官员:或力不副任,避难误事;或庸陋不才,以奸吏为心腹,以棍徒为爪牙;或狡猾有名,贪求不检之人。

范钦《奏议》见存共十八篇,反映了范钦仕途得意时期的思想和行事状况。

天一阁集三十二卷

本书为范钦的诗文合集,署四明范钦安卿著。卷首万历十九年(1591)沈一贯撰序。卷一至十七诗,卷十八至三十二文。沈一贯序云:"乡先生范司马公卒之明年,其所为《天一阁集》者出,一贯受而读之。"范钦卒于万历十三年(1585),次年范钦长子大冲始刻是集,至万历十九年(1591)沈一贯作序时,当已刻印告成。

此书存世的天一阁刻本已罕见,海内除天一阁外,据《中国古籍善本书目》记载,尚有北京图书馆和北京大学图书馆两家收藏。天一阁现藏二部:阁中遗存一部,分订八册;1979年孙氏蜗寄庐赠一部,分六册。孙氏捐赠本上除钤"鄞蜗寄庐孙氏藏书"朱文方印外,每册还钤有"四明陈氏文则楼藏书记"朱文长方印,可知此本为清代宁波藏书家陈仅旧藏。

《天一阁集》包括序三页,目录三十九页,正文四百六十九页,共计五百十三页。现存版片双面一百三十六片,单面十三片半。版式为半页十行,行二十字,白口、单鱼尾、左右双边,版心下记刻工姓名与字数。刻工有王元秀、卢成、汪国法、子鸣、有光、得光、纯合、文合、林纯、朱天福等十九人,可知当时刻书仍具相当规模。

此书天一阁现藏二部均有缺页,遗存一部缺八十页,孙氏所赠一部缺十四页,均经后人抄补。若二部配合,除卷五第八、九两页抄配外,其余均存明刻之页。

范钦诗文题材广泛,内容丰富,收入集中的诗一千四百二十首,分四言古诗、乐府、五言古体、七言古体、五言律、五言排律、七言律、五言绝句、六言、七言绝句,其中以律诗居多;文一百四十九篇,分序、碑、铭、记、祭文、书、启、篇、议、说、杂著(诔、跋、赞),其中以序文为多。

对于范钦的诗文,沈一贯有过两次评述,先在《少司马范东明八十序》中说:"嘉隆间,吾郡人称三司马谓翁与东沙张公、竹墟屠公也。张公自留京罢枢筦归,屠公戡定西南夷而以事废,皆投闲啸咏,不复与食肉者谋,逮翁而鼎足焉。今三司马诗文并行于世,张取弘富,不下数千篇,屠取专诣,寄兴焉而止,而翁当两公间瓜分之也。"数年后,沈一贯在《天一阁集序》中又说:"余少时谒司马公,论文要以典则雅驯为诣。司马公……每受简,则收思凝神,终日始舍一辞,宁腐毫,无污牍,揆名责实,考之参伍,若大匠执规矩以运斧斤,虽千百椎镬,而终不出方园平直之外,故其文气安而语泽,思平而旨完,此所谓先进之彬彬哉。诗以汉魏为宗而加大历一等,意所独到。"

《天一阁集》是我们研究范钦生平及思想、行事、社交、生活等的直接史料,如《有车篇》、《秋怀》、《至家》、《初至袁州》、《思归》、《始至兴安》、《过碧泬》、《长沙道中述怀》、《闻海上捷》、《生日》等诗篇均抒发了自己的真情实感。其中《有车篇》云:"有车不畏太行山,有舟且上瞿唐滩。何况人心险巇不可测,戈矛只在谈笑间。昔为猛虎步,今为羝羊藩,使我不得舒心颜。击我缶,酣且歌,嗟嗟戈矛当奈何。"诗人的思想感情与社会现实相结合,可说是范钦诗歌的代表作之一。

《天一阁集》中关于天一阁的诗文不多,提到"天一阁"的只有《上元诸彦集天一阁即事》七律一首,《书本事诗后》跋文一篇。说到藏书购书的文字也很少,有《丙辰除夕》诗云"邺架虚称万卷书",丙辰为嘉靖三十五年(1556),诗中证实了天一阁建造之前,范钦藏书已达万卷。又有《初秋湖阁》诗云:"心远久疏还阙梦,年丰初给买书钱。"既表达了作者归里久后心情,又反映出当时所进行的购书活动。在文集中有《刻千字文跋》、《刻观音经跋》、《刻底柱行跋》,是三篇关于天一阁刻帖的珍贵文献。

范钦的诗文有很多涉及宁波当地的人和事,具有地方文史价值。近几年来,陆续发现了《天一阁集》失收的范钦《重修梅墟江塘记》、《惠泽亭记》等碑文。由此看来,还值得我们花时间和精力来为《天一阁集》作补遗工作。

古今谚一卷

　　本书天一阁原藏之本见载于清嘉庆十三年(1808)阮元等所编《天一阁书目》,阮目卷末"范氏著作目"中著录:"古今谚一卷,刊本,明司马公讳钦撰,公字安卿,又字尧卿,号东明。"至光绪十年(1884)薛福成等重编《天一阁见存书目》时尚"一册全"。此后散佚,今《中国古籍善本书目》无著录,恐已失传。

　　幸天一阁尚存此书版片双面九片,单面一片。我恐日久湮灭,即于2002年秋,请同事据原版刷印,装成一册,藏于天一阁善本书库。此书虽淡墨新印,又残缺不全,但仍可局部反映出原书的本来面目,对天一阁来说更有其特殊意义。例如正文首页尚存署"四明范钦辑"即可据此订正旧目及笔者曾据旧目著录为"范钦撰"之误。

　　从现存的半卷来看,本书内容以辑录古书中的谚语为主,同时辑录时人著作中的谚语与地方谚语。引用的古书有《太公兵法》、《六韬》、《左传》、《国语》、《论语》、《家语》、《管子》、《鲁子》、《孟子》、《尉缭子》、《列子》、《庄子》、《荀子》、《慎子》、《韩非子》、《孔丛子》、《战国策》、《史记》、《吕览》、《汉书》、《易纬》、《春秋纬》、《风俗通》、《应劭汉官仪》、《晋书》、《抱朴子》、《文选注》、《诗疏》、《五代史》、《宋长编》等。地方谚语有"汾晋语"、"吴人谚"、"广州谚"、"高州谚"等,正文之下,间有注语,如《左传》"飞矢在上,走驿在下",下注:"兵交,使在其间,今语两国兵交,不罪来使。"又如《史记》"鉴于水者见面之容,鉴于人者知吉与凶",下注:"《蔡泽传》,本武王镜铭。"

　　此书残缺,不见有序跋,不知其选录标准及成书时间。版式与

《天一阁集》相同,半页十行、行二十字,白口,单鱼尾,左右双边。版心下方记刻工"王元秀",亦与《天一阁集》刻工"王元秀"同。因此,《古今谚》也可能刻于万历年间。

范钦与《烟霞小说》

《烟霞小说》是一部丛书,在明代祁承爜《澹生堂书目》中已有记载,子目包括:吴中故语、蓬轩吴记、蓬轩别记、马氏日抄、掾曹名臣录、庚己编、异林、纪周文襄公见鬼事、语怪四编、猥谈、高坡异纂、艾子后语、说听、纪善录。可是《澹生堂书目》没有记录《烟霞小说》的编者姓名和各书卷数。

至清代乾隆年间编纂《四库全书》时,对此书的著录便产生较大差异。在《浙江省第六次呈送书目》中著录为"烟霞小说五卷,明范钦辑"。《浙江采集遗书总录》丛书类亦著录"烟霞小说五册,刊本,右明侍郎范钦辑,所采小说自吴中故语及猥谈凡十种"。而《四库全书总目》子部杂家类存目则著录为:"烟霞小说二十二卷,明陆贻孙编,贻孙苏州人。是书仿曾慥《类说》之例,删取稗官杂记凡十二种。"其所列子目,除《蓬轩吴记》与《蓬轩别记》合称《蓬轩记》,缺《纪周文襄公见鬼事》之外,均与《澹生堂书目》记载相同。

《烟霞小说》传本罕见,从乾隆《鄞县志》、光绪《鄞县志》到民国《鄞县通志》,这几部范钦故里的地方志,均据《浙江采集遗书总录》把《烟霞小说》列为范钦著作而载入艺文志中。在 1959 年上海图书馆编纂的《中国丛书综录》中,著录北京图书馆独家收藏《烟霞小说》明万历十八年(1590)刊本,亦作"(明)范钦辑"。这与《四库全书总目提要》著录"明陆贻孙编"大相径庭。

所幸的是这部原藏北京图书馆的《烟霞小说》,近已刊入《四库全书存目丛书》。全书分八帙,多收明代吴人著作,子目有:

吴中故语一卷,杨循吉撰。

蓬轩吴记二卷别记一卷,黄暐撰。

马氏日抄一卷,马愈撰。

纪善录一卷,杜琼撰。

掾曹名臣录一卷,王凝斋撰。

庚己编四卷,陆粲撰。

纪周文襄公见鬼事一卷,不著撰人名氏。

异林一卷,徐祯卿撰。

语怪四编一卷,祝允明撰。

猥谈一卷,祝允明撰。

高坡异纂三卷,杨仪撰。

艾子后语一卷,陆灼撰。

说听四卷,陆延枝撰。

共计十三种二十三卷。可知此书即《澹生堂书目》和《四库全书总目》记录之书。《四库全书总目》所谓二十二卷,实缺《纪周文襄公见鬼事》一卷。

现存的万历刻本《烟霞小说》不署编者姓名,卷首无总序,只有范钦撰《烟霞小说题辞》。我们从这篇题辞中可以获知范钦与《烟霞小说》的关系。今移录如下:

> 余不佞,颇好读书。宦游所至,辄购群籍,而尤喜稗官小说。窃怪夫弃此而祇信正史者,譬如富子惟务玉食而未尝山殽海错,可乎?同年周子吁纕为余言:"魏恭简公于书无所不读,虽小说亦多涉猎。"愚谓公理学师也,犹兼好之,况吾辈乎?顷过吴,访陆诒孙,视余抄本小说十余种,总名"烟霞"。余方欲集异闻,以是名编,孰知其意已先我矣。遂书于首,识所见略同也。

> 嘉靖己未春日,四明范钦题。

嘉靖己未即嘉靖三十八年(1559)。当时,范钦经过苏州,访友人陆诒孙,看到陆氏出示的抄本小说十余种,总名"烟霞",便识所见,书于卷首。文中已将陆诒孙编集《烟霞小说》之事说得很明白,所以《四库全书总目》对此书编者的著录是正确的。

范钦《烟霞小说题辞》叙述了他对稗官小说的认识,所见与陆诒孙略同。题辞云:"余方欲集异闻,以是名编,孰知其意已先我矣。"可证此时范钦尚未编有类似之丛书。至于后来如何,笔者未见其他确实的记载,更未见天一阁有此书片版留存。

《烟霞小说题辞》为范钦《天一阁集》所未收。文章开头说:"余不佞,颇好读书,宦游所至,辄购群籍,而尤喜稗官小说。"这反映了他解官归里建造天一阁藏书楼之前的藏书活动和藏书思想。

范钦著作考略

《明史》无范钦传,仅在《艺文志》中记载范钦著作《天一阁集》十九卷。清康熙年间,李邺嗣撰《甬上耆旧传》,始有范钦传,文末云"所著有《天一阁集》、《抚掌集》"。

范钦作为宁波地方乡贤,他的生平事迹在清初以来所编的地方志中也有记载,只是详略不同而已。康熙《鄞县志》所记范钦著作有《天一阁集》、《抚掌集》、《艺文类抄》三种。而康熙《宁波府志》和雍正《宁波府志》只记载《天一阁集》。后来乾隆《鄞县志》增出《天一阁书目》、《天一阁碑目》、《革朝遗忠录》、《烟霞小说》四种。光绪《鄞县志》又增出《汉书隽》一种。民国《鄞县通志》再增出《赋苑联芳》一种。

天一阁自身收藏范钦著作的情况,始见于嘉庆十三年(1808)阮元等所编《天一阁书目》。该书卷末"范氏家著"中记范钦著作《奏议》四卷,《古今谚》一卷,《天一阁集》三十二卷,《明文臣爵谥》一册,《歌谣谚语》一卷。这五种书,在光绪十年(1884)薛福成等重编的《天一阁见存书目》里亦有著录,唯《奏议》缺卷三至四。后来,在民国二十九年(1940)冯贞群编的《鄞范氏天一阁书目内编》里,《古今谚》、《明文臣爵谥》二种已不见著录,可知此时已经散失。但冯目另增《明贡举录》一种。天一阁之外,今《中国古籍善本书目》记有上海图书馆藏范钦辑《建安七子集》一种。

综合上述史志及书目记载,范钦著作包括撰、辑、编之书共十五种。其中《奏议》、《天一阁集》、《古今谚》三种有天一阁刻本,《烟霞小说》是一部丛书,非范钦所辑,本书已另有专文论述。其

他十一种,见存者三种,待访者八种,均略记于后:

明 贡 举 录

范钦手稿本一册,本无书名,民国二十六年(1937),冯贞群整理天一阁书籍时重加封面,并题此名。冯目著录:"明范钦撰,原无书名,所录浙江各府解元人数,浙江乡举解元,各省会元、状元姓名、籍贯、人数,各省中式姓名,自洪武迄万历八年。盖司马晚年手稿,草书本。"实存三十九页,宜作"范钦编"。今藏天一阁。

歌 谣 谚 语

范钦辑,抄本,仅存六页。阮目卷末"范氏著作"载:"歌谣谚语一卷,抄本,明司马公未定稿本。"薛目作"古歌谣一册,手稿"。冯目著录"明范钦撰,未定稿本,存六叶",藏天一阁。今观所存之页,是书系辑注《东观汉记》、《后汉书》、《孔丛子》等古书的歌谣而成,故不宜称范钦"撰"。

建 安 七 子 集

《中国古籍善本书目》总集类著录:"建安七子集不分卷,(明)范钦辑,稿本。"今藏上海图书馆。

全书一册,卷首建安七子题辞及目录为范钦行草手稿。题辞略述孔融、陈琳、王粲、徐幹、阮瑀、应场、刘桢七人生平。范钦手书存十余页,字迹、纸张可与《明贡举录》印证。手稿之后,接着为楷书抄清本,抄清本首页别题"明兵部右侍郎东明范钦著"一行,后人又把"著"字圈掉,旁注"辑"字。卷末录刘桢集,此册当为足本。

抚　掌　集

据清李邺嗣《甬上耆旧传》中《范钦传》之记载。而康熙《鄞县志》作"《抚掌录》"。此后乾隆《鄞县志》，光绪《鄞县志》亦称《抚掌录》。

艺 文 类 抄

载康熙二十五年（1686）汪源泽、闻性道纂修《鄞县志》卷二十。此后乾隆《鄞县志》、光绪《鄞县志》均照录。

天 一 阁 书 目

见乾隆五十年（1785）钱维乔、钱大昕纂《鄞县志》卷二十，钱志又据"焦氏《经籍志》"。查焦竑《国史经籍志》，在史类之簿录小类中记有"四明范氏书目二卷，范钦"，当即是书。

此外，明朱睦㮮《万卷堂书目》载"范氏东明书目一册"，祁承㸁《澹生堂书目》载"四明范氏天一阁书目二册四卷"，但不著编者姓名。

天 一 阁 碑 目

见乾隆《鄞县志》卷二十一，所载仅据本志"采访册"。而乾隆五十二年（1787）钱大昕《天一阁碑目序》云："天一阁石刻之富不减欧赵，而未有目录传诸世，岂非阙事，乃相约撰次之。"乾隆以前无范钦编《天一阁碑目》的记载，故疑"采访册"有误。

革 朝 遗 忠 录

载乾隆《鄞县志》卷二十一,该志又据"黄氏书目"。而黄虞稷《千顷堂书目》只载"杜思《革朝遗忠录》,四明人",杜思字子睿,号武川,光绪《鄞县志》有传。故疑乾隆《鄞县志》记载有误。

汉 书 隽

载同治光绪间徐时栋、董沛等纂《鄞县志》卷五十三,该志又据"天一阁书目"。查阮目史抄类,著录:"汉书隽,刊本,存一卷。明司马公讳钦订。"疑为范钦校订刻印之书。

赋 苑 联 芳

民国《鄞县通志·文献志》著录:"赋苑联芳十五卷,江苏国学图书馆藏,红格抄本。"近询南京图书馆,查无此书。

明 文 臣 爵 谥

阮目卷末"范氏著作"著录:"一册,抄本,明司马公讳钦撰,手书稿本。"薛目著录同。冯目不载,可知此书于光绪十年(1884)后从天一阁散出。

天一阁范氏族谱综述

天一阁范氏祖先是从襄阳迁到宁波来的。据范氏族谱旧序及源流考，北宋时任大理寺卿的范涓"值寇乱，同母邓氏徙居舅家，因家邓城"，即湖广襄阳县西北十五里的邓城村。范涓曾孙宗尹仕宋为右仆射，娶钱氏，生子公麒、公麟、公骥三人。宗尹随高宗南渡至临安，公麒仍居老家邓城。公骥子德章后移居枣阳。公麟入赘于魏杞之妹，遂为鄞县人。故《范氏居鄞族谱世系直图表》尊宗尹为一世祖，公麟为二世祖，至天一阁创始人范钦已是第十六世了。

范宗尹字觉民，《宋史》第三百六十二卷有传，称其襄阳邓城人，少笃学，工文辞，宣和三年(1121)上舍登第，累迁侍御史、右谏议大夫、中书舍人、御史中丞，拜参知政事。吕颐浩罢相，宗尹摄其位。"授宗尹通议大夫守尚书右仆射同中书门下平章事兼御营使，时年三十。近世宰相年少未有如宗尹者"。后落职，未几命知温州。退居天台，卒年三十七。范公麟字世瑞，宋诰封奉议大夫都水司员外郎。

居鄞范氏的宗谱，由范孚始修于元至正十八年(1358)。孚字仲信，为宗尹九世孙，官至御史台经历，赠奉政大夫。至明嘉靖二十八年(1549)，十六世孙范镐续修。镐字武卿，号海南，嘉靖十六年(1537)举人。任江南宁国县知县。范镐是范钦堂弟，故镐序云："兹我东明兄令纂录先谱，窃敢忘其固陋，稍为提述若干篇。"据后来范大澍和范上林序文记述，此重修本曾"付梓"。然流传绝少。如今，上述二谱均已失传。见存天一阁范氏族谱有如下五种：

四明范氏宗谱

明天启元年（1621）十七世孙范大澈纂修，稿本二册。今藏中国国家图书馆。卷首残损，书名据该馆图书目录。

所见有洪武二十二年（1389）翰林院检讨周维翰撰旧谱序。因序文末有"天启改元秋日裔孙大澈删定"一行，故知为范大澈纂修。又有图一页，凡四幅，万历四十年（1612）范大澈撰《叙作谱略》，范氏世系图表。世系表填名至十九世光文、光理等。接着为范氏世系序次，详载人物字号、行次、生卒、科举、官职、妻室、子女等，按各世行次排列。卷末无序跋。

鄞范氏族谱

清乾隆五十六年（1791）二十四世孙范上林辑，上林字滨篁，号鉴塘，邑庠生。稿本二册，1959 年 12 月，宁波市古物陈列所从北京书贾购得，入藏天一阁。

卷首残损，存凡例半页，题"乾隆五十六年岁次辛亥林钟月二十四世孙上林敬辑"二行。接着为范氏世系，范氏居鄞族谱世系图表总记，宗谱各房分记。书口依次记元一房、亨五房、亨六房、亨八房、恒九房、恒廿三房、恒廿五房、亨十二房总、序班房、老五房、太守房、十七房、侍郎房、知县房、大陈房、七二房、亨十三房、元三房。如此，检索较为便利，世系表填名至二十六世，旁注重要人物字号、简历，亦较范大澈谱为详。

鄞西范氏宗谱

清光绪六年（1880）二十五世孙范邦瑗增修，邦瑗字蓬卿，号小云，又号采莲，学名濂，自号知非散人，国学生。稿本二册，朱氏别宥斋旧藏，得之于抗战中，钤"萧山朱鼎煦收藏书籍"朱文长方印。1979年朱氏赠书，入藏天一阁。

范氏居鄞县城西，鄞县古称鄞县，故称鄞西。卷首有范镐撰《范氏世系邓城源流考》，元至正七年（1347）乌斯道撰《鄞西范氏宗谱序》，至正十八年（1358）儒学教授四明卓说撰《鄞西范氏宗谱序》，至正十八年九世孙御史台经历范孚撰《宗谱序》，明洪武二十年（1387）翰林院检讨周维翰撰《鄞西范氏宗谱序》，洪武二十二年（1389）南昌知府同邑许芳撰《鄞西范氏宗谱序》，建文二年（1400）檇李陆景龙撰《鄞西范氏宗谱序》，嘉靖廿八年（1549）范镐撰《宗谱序》。清乾隆五十七年（1792）范上林撰《城西宗谱序》，乾隆五十六年范上林辑《宗谱凡例》，十八世孙范汝棫撰《范氏世系族谱凡例》，接着为范氏世系、范氏居鄞族谱世系直图表。卷末无序跋。

各房分纪时，亦在书口上标明各房名称。对于重要人物的字号、简历均有记载。书上批注改动之处较多，如此谱尊唐光化初官翰林学士的范元吉为一世祖，宋范仲淹为五世祖，范成大为九世祖。范邦瑗即在首页批注云："宗尹公以前世系甚有可疑，多不可信，似宜删。作者岂未见《宋史》，而以石湖祖文正乎？堂堂宰辅，其列传载世系籍贯，竟敢以又名二字牵连之。且登进士第及入相年甲俱彰彰可考，我仆射公实与文正、石湖各派。子孙幸详阅《宋史》，自然知其谬诬。瑗注。"范仲淹谥文正，范成大号石湖居士。

范 氏 宗 谱

清光绪十三年（1887）二十六世孙范盈焘重订，盈焘生平不详。稿本四册，张寿镛约园旧藏，钤"四明张氏约园藏书之印"朱文长方印，今藏中国国家图书馆。

卷首元至正十八年（1358）儒学教授四明卓说撰《范氏宗谱旧

叙》，九世孙御史台经历范孚撰《范氏宗谱旧叙略》，同邑乌斯道撰《范氏宗谱旧叙》。明洪武二十年(1387)翰林院检讨周维翰撰〈范氏宗谱旧叙〉，南昌知府同邑许芳撰《范氏宗谱旧叙》，建文二年(1400)檇李陆景龙撰《范氏宗谱旧叙》，嘉靖二十八年(1549)宁国县知县范镐撰《范氏宗谱旧叙》。清乾隆五十七年(1792)范上林撰《城西范氏宗谱旧叙》。范镐撰《海南公邓城范氏源流考》。又无名氏撰《仆射公扈驾至明年月考》、《范氏宗谱凡例》。

凡例之后即范氏宗谱世系图，记名至二十一世从裕、从益等从字辈，亦无人物生平事迹记载。卷中有"阁本"、"六本"之名，盖此谱已与天一阁本和六孙所抄藏本校过。

卷末有范盈焘跋云："吾范氏先世向有谱牒。然由前明至国朝，历世久远，旧谱无存。光绪初年，先君念族之不可无谱也，始有重修之志，乃草创未半，旋即弃世。是卷共四本，盖初稿也。而规模之所在，已可见诸卷首之凡例。后之人与吾先君有同志谱牒者，当奉此为副本，则入手较易云。光绪十三年丁亥夏五盈焘谨志。"

范 氏 支 谱

不著纂修者姓名，1983 年天一阁文物保管所借范氏后裔藏本誊录，抄本一册，藏天一阁。

卷首有序，撰者佚名，文末署"民国己未夏正八月全浣日"，知为民国八年(1919)所修。序云："吾族之谱系至今日则荡然无存。此何故也？意者吾族自前清咸丰间始遭回禄，又遭发匪兵燹所及，必致散失，则宗谱或亦因是时而无之也。"序后为行名歌，同第名。

此谱详载天一阁藏书继承人范大冲一支子孙，其中范钦、大冲、汝楠、汝桦、光文、光燮、光交、廷奇、廷辅、正辂、从益、从夔、从说、永观、永泰、永恒、永升、永孚、永咸、懋柱、懋械、邦甸等人生卒年月、简历、墓葬等多有记载。只是世系表中,从范钦开始排行与行名歌不符,范钦行歀,为十六世祖,而此谱作十五世祖。究其原因,纂修者误把范钦与其父范璧同第,均称十五世祖,以致一错再错。

卷末有:明太子太保武英殿大学士沈一贯撰《明通奉大夫兵部右侍郎东明范公墓志》;清康熙六年(1667)范光文、光燮、正辂识,后学史官史大成填讳《明征仁郎光禄寺良酝署少明公墓志》;康熙八年范光文、光燮、光交勒石,后学史官史大成填讳《赠铨曹九如范公暨配沈太安人墓志》;沙羡李寿榛撰《邑庠生授国子监典籍新甫范公像赞》。以上范钦墓志、范大冲墓志、范汝楠墓志、范邦畴像赞,均为此前范氏旧谱所未载,是研究范钦及其后人的重要文献。

天一阁本《三才广志》存佚考

《三才广志》是明代私家编辑的一部大型类书,也是天一阁藏书中册数最多的一部明抄本。它保存了明代中期以前的许多珍贵文献,历来受到文人学者的重视。现今有两种传本,天一阁本"从稿本传钞者",①卷帙最多,有一千一百八十四卷,可惜自清代道光年间以来历经窃劫,存世不足三分之一。近读天一阁新刊书目史料,发现对此书的记载有几处失误,必须订正,故简述如下:

(一)

天一阁主人范钦亲编的书目已经失传,《三才广志》的原貌无从得知。见存最早记载天一阁藏书的目录,是清康熙年间抄本《天一阁书目》,其中类书类著录"三才广志二百三十九本",仅十个字。后来,我在康熙年间天一阁为嘉兴府学传抄阁书的书单中,见到"拟上五经应抄书目"项之末,有注云:"类书三才广志,著作姓名无,计一千一百八十四卷,缺二百五十卷。"②始知这部书总卷数的记载早于阮目,在当年已非足本。阮元《宁波范氏天一阁书目》编刻于嘉庆十三年(1808),著录:"三才广志一千一百八十四卷,绵纸蓝丝栏抄本,不著撰人名氏。"

自清道光至咸丰间,天一阁遭受鸦片战争和太平天国革命两次战争的劫难,史称:"道光庚子,英人破宁波,登阁周视,仅取一统

---

① 冯贞群《鄞范氏天一阁书目内编》。

② 冯贞群题名《康熙中传抄天一阁书目》,已装订成册。

志及舆地书数种而去。"①"咸丰辛酉，粤匪之乱，阁既残破，书亦星散。"②在光绪十年薛福成等《重编天一阁见存书目》中，著录："三才广志一千一百八十四卷，缺，抄本，不著撰人名氏，二百三十七册，存一百三十二册。"几乎散佚一半。

民国初年，天一阁藏书大量被窃，流散于上海书肆。在沪藏书家蒋汝藻密韵楼收得最多，其中有《三才广志》八十三册，后归上海商务印书馆涵芬楼，遭日本侵略军轰炸。赵万里曾进涵芬楼读书，见到过许多天一阁散出书，后来他说："明人吴琬所编蓝格抄本《三才广记》一书共存四百九十六卷，八十三册。原书卷数达一千一百八十四卷，卷数比《太平御览》还多，在涵芬楼仅有三分之一。自从1932年1月28日，经过日本飞机队巡礼以后，一律化为灰烬，除了我日记簿上一些痕迹以外，什么都看不见了。"③

《三才广志》遭窃后，阁内仅存五十册，存卷五百十三至五百二十三，卷五百三十五至五百四十，卷五百五十至五百五十五，卷五百六十二至五百六十五，卷五百七十八至五百九十，卷五百九十二至五百九十七，卷六百三十七至六百四十六，卷六百四十八至六百五十六，卷六百六十二至六百六十六，卷六百六十九，卷六百七十三至六百七十九，卷六百八十一至六百八十六，卷六百九十至六百九十一，卷八百三十至八百三十二，卷八百四十至八百四十一，卷八百四十三至八百四十七，卷八百五十二至八百五十三，卷八百六十四至八百六十五，卷八百六十七至八百六十八，卷八百七十至八百七十二，卷八百七十四，卷八百九十九至九百零一，卷九百零四至九百零八，卷九百十至九百十一，卷九百十六至九百十七，卷

---

① 缪荃孙《天一阁始末记》。

② 缪荃孙《天一阁始末记》。

③ 赵万里《从天一阁说到东方图书馆》，原载天津《大公报》1934年2月3日《图书副刊》第十二期。

九百三十一至九百三十四,卷九百三十七至九百三十八,卷九百四十七至九百五十三,卷九百八十八至九百八十九,卷九百九十二,卷一千零五十一至一千零五十九,卷一千零六十四至一千零七十六,卷一千零九十一至一千零九十三,卷一千零九十五至一千零九十八,卷一千一百至一千一百零二,卷一千一百十至一千一百十九,卷一千一百二十二至一千一百二十六,卷一千一百三十一至一千一百三十二,卷一千一百三十六至一千一百三十九,卷一千一百七十三至一千一百七十七,卷一千一百七十九,共计一百九十三卷。需要订正的是拙编《天一阁遗存书目》,在计卷时,错把现存阁内总数当作遗存数,而误作"二百八十四卷"。①

　　宁波藏书家朱鼎煦别宥斋在早年购得天一阁散出的《三才广志》二十五册。1979 年别宥斋全部藏书捐赠给天一阁,这二十五册《三才广志》也就散而复归。存卷二百六十九至二百七十七,卷二百八十三至二百九十一,卷二百九十三至二百九十四,卷三百三十四至三百三十九,卷三百四十六至三百四十八,卷三百五十三至三百六十三,卷三百七十五至三百七十六,卷四百四十五至四百四十七,卷四百六十三,卷四百六十六至四百七十二,卷四百七十四至四百七十五,卷四百七十七至四百八十,卷四百八十七至四百九十,卷五百二十四至五百二十五,卷五百二十七,卷五百二十九至五百三十四,卷六百九十三至六百九十四,卷一千一百四十至一千一百四十二,卷一千一百四十四至一千一百四十九,卷一千一百五十八至一千一百六十,卷一千一百六十二至一千一百六十五,卷一千一百六十七,共计九十一卷。需要订正的是天一阁博物馆编《别宥斋藏书目录》,错把天一阁遗存的《三才广志》一百九十三卷也当做别宥斋藏品,在著录时,卷次误增,卷数误作"二百八十四卷"。②

---

①　骆兆平《新编天一阁书目》,1996 年 7 月中华书局版。

②　天一阁博物馆编《别宥斋藏书目录》,2008 年 9 月宁波出版社版。

　　除上述存卷外,原北京人文科学研究所访得卷九百九十五至九百九十七,存三卷一册,今藏台湾"中央研究院"历史语言研究所。① 上海图书馆访得卷一千零二十五至一千零二十八,卷一千零三十至一千零三十三,存八卷二册。这样,存世的天一阁本《三才广志》总计二百九十五卷,七十八册。

<h1 style="text-align:center">(二)</h1>

　　关于《三才广志》的作者,在见存清代编录的天一阁书目里都未加考定。民国十七年(1928)林集虚编《目睹天一阁书录》,在著录"不著撰人名氏"的同时,作了初步推定,其按语云:"此书检视书根,虽上下吻合,但中多缺卷少叶,又有白叶补之,盖俟补抄也。考黄虞稷《千顷堂书目》,有吴玩撰《三才广志》三百卷,别有《广志》二百四十册,不云撰人名氏。今阁中之书,书根题至二百三十八册,似与别本《广志》相同。"数年后,冯贞群编《鄞范氏天一阁书目内编》,始著录"明吴玩辑"。其实,此前王国维为蒋氏编纂《密韵楼藏书志》时,在天一阁散出本《三才广志》第二百三十九卷,曾发现有提名"浙西吴玩编"。②

　　据明万历《湖州府志》和清《长兴县志》记载,吴玩字汝秀,号甘泉,长兴人,励志读书,不屑举业,独请父藏书数屋,筑室董坞山,与安仁刘麟、金陵龙霓、关西孙一元、归安陆崑结社湖南,称吴兴五隐。郡守刘天和每有请质,必造其庐。玩"博极群书,所著《三才广志》三百卷、《史类》六百卷,藏于家"。③ "武宗诏征,中途忽悟夙因,遄归,卒年七十三"。④ 又据陈秉仁先生考证:"刘麟撰《吴甘

　　① 中国科学院图书馆社会科学服务部 1985 年 2 月 4 日函告。

　　② 陈秉仁《中国最大的私纂类书〈三才广志〉考述》。

　　③ 万历《湖州府志》卷八《遗逸》。

　　④ 清《长兴县志》卷二十三《人物传》。

泉人乡贤祠文》云：'辛巳盖棺，迄今二纪'（明刘麟《清惠集》卷十一），知其卒于明正德十六年（1521），再按卒年七十三推算，则其当生于明正统十四年（1449）。"①

万历《湖州府志》和《千顷堂书目》都记载吴琯"著《三才广志》三百卷"，但现存两种传本均不只三百卷。除天一阁本外，原国立北平图书馆收藏的另一种传本存三百三十四卷，今藏台湾"中央图书馆"。《北平图书馆善本书目》与《"中央图书馆"善本书目》都著录存天道类卷一至一百十，地理类卷一至一百十五、卷一百二十三至一百三十四，人道类卷十一至二十二、卷二十五至二十八、卷三十至一百十。《"中央图书馆"善本书目》还著录：明蓝格抄本，三十三册。

《三才广志》两种传本的卷次与版式有明显不同。天一阁本连续计卷，北图本分类计卷，各自起讫。天一阁本版心上刻《三才广志》书名，白口，单鱼尾，鱼尾下刻"卷之"二字，但抄录时未填卷次，四周单边，半页十三行。北图本版心未刻书名，亦无鱼尾，上下双栏，半页十一行。需要订正的是邱嗣斌、汪卫兴著《天一阁史话》，在说到《三才广志》时，混淆了两种不同的传本。误以为"此书三分之一在抗战时毁于战火，三分之一被弄到台湾，三分之一在天一阁珍藏着。茫茫海峡，滚滚波涛，只能隔海相望。两岸学者同胞，多么希望这部仅存的《三才广志》早日团聚"。② 显然，作者不知道除天一阁本外，还有一种北图本。

---

① 陈秉仁《中国最大的私纂类书〈三才广志〉考述》。
② 邱嗣斌、汪卫兴著《天一阁史话》，1992 年 9 月文化艺术出版社版。

记天一阁新藏宋本《莲经》

宋刻本《妙法莲华经》,折装(梵夹装)一册,1984年8月天封塔出土。1995年,随着"宁波市博物馆并入天一阁",便移藏于天一阁。因全书粘连板结,未曾揭开,故是否足本? 是否双面刷印? 均不得而知。唯其发现过程与版本识别值得一记。

天封塔在宁波市城南大沙泥街。"唐武后天册万岁及万岁登封纪元时建,故得是名。宋建炎间兵毁,绍兴间重建,僧正觉为之记。元泰定元年圮,至顺元年重建,僧昙噩为之记"。[1] 明清以来,又遭台风、雷火之灾,多次重修。嘉庆三年(1798)十二月,"塔灯失火,栏楯俱毁",从此塔身砖壁外露,更易受风雨侵袭。出土的《莲经》就是在这样的自然环境下,藏在塔壁里保存下来的。

新中国成立后,天封塔在维修时,从塔顶、塔基、塔身先后出土过许多文物。其中有关塔史者,如1957年冬,在塔顶清除杂草时,从泥土中取出"铜塔一座,底内镌有铭文:'吴越国王钱弘俶敬造礼八万四千宝塔乙卯岁记'"。[2] 借此,似可推测天封塔在五代时曾进行过维修,以往地方志只记载五代后汉乾祐五年(952)在塔旁建天封塔院,而未提五代修塔事。又如1982年6月,在勘查发掘塔的地宫时,发现一放置佛教文物的石函,石函盖面刻题记,有"伏承乡贡进士王居隐与阁宅等备己财先造宝塔第一层"等语,文末署"大宋太岁甲子绍兴十四年三月戊辰十八日己巳赵允谨题"。

---

① 民国《鄞县通志·舆地志》。
② 宁波市古物陈列所《天封塔维修工作汇报》,1958年2月10日。

据此,可知宋代重建的时间。

经卷出土于塔身,出土时亦不只一册。1984 年 8 月 20 日天封塔考古队《宁波天封塔清理简报》记有:"一、盒装文物:石匣三件,二件破损,内装《妙法莲华经》,残蚀,系元致和年间之物;木盒二件,一件残蚀,一件内藏《大乘妙法莲华经》,保存较为完整,是少见的元代版本。二、筒装文物:外为铜皮制成的经筒,内藏《妙法莲华经》经卷,出土时有的尚能辨认,见风即化,在元代重修时安置的,共发现二十五件。"①其中,"保存较为完整"的一件,就是移藏于天一阁的《莲经》。此册出土时已"难起动"②,不知定为"元代版本"的依据是什么?

经卷封面呈朱色,中间墨书《大乘妙法莲华经》七字。经天一阁古籍修复人员细心试揭,打开了三折。版式每面五行,行十七字,上下单栏,左右无栏,其中一面为《妙法莲华经》卷第一之末,左下方有牌记:"今将古本莲经新刊,名师校正,随音科切,并无差误,见住杭州大街棚南,坐东面西,沈二郎经谶铺印造,望四远主顾辨认本铺牌额请赎,谨白。"(原刻无标点)牌记四行,行字数不等,左右双栏,为我们鉴别版本提供了依据。

南宋时"杭城自禁城北门至笕桥为御街,街市栉比,大街及诸小巷铺席连门"。③ 与御街并行,戒民坊之后有条河,即谓御河,河上有棚桥,此一带街巷皆以"棚"名。清代丁丙《武林坊巷志·棚桥》录有沈二郎刻点句本《妙法莲华经》卷七末页木记,记地址及书坊名为"杭州棚前南钞库相对沈二郎经坊"。

《妙法莲华经》全书有七卷,后秦释鸠摩罗什译。宋刻本流传

①　宁波市文物管理委员会办公室编《文物与考古》第 132 期,1984 年 9 月 6 日打字本。

②　虞逸仲《天封塔今昔》,刊 1990 年 2 月《宁波文史资料》第八辑。

③　宋吴自牧撰《梦粱录》。

至今的已不多见,《中国古籍善本书目》记载宋杭州沈二郎经书铺刻本,仅南京图书馆一家收藏,其中卷一已佚,配用明抄本。而天封塔出土的宋本,在试揭之后,上海图书馆和南京博物院文物保护科学技术研究所里有三位专家鉴定为一纸双面刷印,更属罕见。因此我在 2000 年 9 月 5 日提出书面建议,急需对此书按"修旧如旧"原则加以修复,作抢救性保护。

记《新锲孔圣宗师出身全传》

早在 1988 年 1 月 4 日,浙江图书馆古籍部吴启寿先生来函云:"弟近校馆藏善本集部小说类,发现馆藏中有《新锲孔圣宗师出身全传》四卷,为近人抄本,前有民国二十七年胡适跋,得知此书抄自慈溪冯孟颛先生藏明刻本,不知尚存此本否?"我立即查阅了有关资料,并函告:"据冯贞群(孟颛)先生自编《伏跗室书目》史部传记类记载,'《孔圣宗师出身全传》四卷,明刻本二册,每叶有图,首佚七叶'。另有小字注曰:'贞群案,此平话也,当入小说类。'大概编目后发现分类欠当,才加注的。又在目上加三角形记号,表示此书已经出让。"自此,冯藏旧本散出后的去向便成了我的牵挂。

后来,我在民国二十四年(1935)六月出版的《浙江图书馆馆刊》第四卷三期上读到了冯贞群和胡适分别为此书撰写的跋文。冯跋撰于民国十六年(1927)四月,略云:"全相《孔圣宗师出身全传》平话四卷、二册。每叶上栏图画,下栏半叶十行,行十七字,单边。书口上间有孔圣传三字,鱼尾下列卷数,卷中间有句读墨围,行线亦时有时无,卷首刻作《新锲孔圣宗师出身全传》卷之几。首佚七叶,不详撰人姓氏,据末圣代源流,六十二代闻韶弘治十六年袭封衍圣公,则是书当刻于弘治间也,明矣。"胡跋撰于民国二十年(1931)七月,对此书的刻成时间及是否为平话小说,提出不同看法,以为:"书中有李东阳的《诗礼堂铭》及《金丝堂铭》,我考《怀麓堂集》,此二文都是弘治十七年(1504)李东阳奉诏代祭阙里孔庙后作的。次年孝宗崩,明年便是正德元年了。所以,我认此书之刻成,至早已是正德时了。""弘治十七年李东阳发起修《阙里志》,

逾年而成。……后来有人用此志的材料,编成这部孔圣出身全传。编者意在通俗,故每页附图,又每章附加诗词。但编者是一位学究先生,文字不高明,仅仅能钞书,却不能做通俗文字,所以这部书实在不能算作一部平话小说"。二跋均未提及其他书目文献怎样著录,这从侧面也反映了此书明刻本流传之稀罕。至于不详撰人姓氏及刻书年份,可能与第八页之前缺失有关。

新中国成立以来,有关文献对此书偶有著录,如《中国通俗小说总目提要》称:"全书分四卷,属平话体。明刻本为胡适所亲见,伏跗室主人藏,今不知下落。"①《中国古代小说百科全书》称:此书"将一人言行编成故事演为小说,在中国小说史上尚无前例,对《七十二朝人物演义》有着直接影响"。② 两书均据浙江图书馆藏影抄本著录。而《西谛书目》和《中国古籍善本书目》则著录于史部传记类。《西谛书目》作"四卷、明刻本二册,上图下文",③《中国古籍善本书目》作"四卷,明刻本",北京图书馆独家收藏。④ 因为上述两书目均未提及卷首缺页或有人题跋,所以很难从中看出是否即冯氏伏跗室旧藏之本。

所幸,我见到了1991年上海古籍出版社出版《古本小说集成》中收录的《新锲孔圣宗师出身全传》明刻影印本,多年的牵挂,从此释怀。此本据北京图书馆藏本影印,书前空白页有胡适墨书题跋,卷一第八页之前缺页。书上有"长乐郑氏藏书之印"朱文长方印,"北京图书馆藏"朱文长方印,可知此书于1954年冯贞群售给

---

① 江苏省社会科学院明清小说研究中心编《中国通俗小说总目提要》,1990年2月中国文联出版公司版。

② 中国大百科全书出版社编辑部编《中国古代小说百科全书》,1993年4月中国大百科全书出版社版。

③ 北京图书馆编著《西谛书目》,1963年10月文物出版社版。

④ 中国古籍善本书目编辑委员会编《中国古籍善本书目》,1985年10月上海古籍出版社版。

书贾①后归郑振铎（西谛）收藏，"西谛全部藏书在他坠机遇难以后不久，即由高君箴同志遵照他的遗志献给中华人民共和国文化部，转送北京图书馆庋藏"。② 故先后著录于《西谛书目》和《中国古籍善本书目》）。

《新锲孔圣宗师出身全传》明刻本二册可称海内孤本。其版式如冯贞群先生题跋所记外，原书版框高二一〇毫米，宽一二五毫米，③每半页有图，图占版面三分之一。全书以编年记叙孔子言行事迹。孔子名丘，字仲尼，是我国春秋末期思想家、政治家、教育家，儒家的创始者。每卷分若干章，④每章以"却说"或"话表"开头，以诗词作结，套用小说形式。

卷一共五章，首章缺七页，标题不详，据章末题词"茂龄嬉戏颖异，隐士一见褒奖。达道声名播鲁邦，弟子环列宫墙。母死孝服已满，馀哀弹琴不响。问官学琴就剡襄，果见至圣虚让"，内容约缺半章。接着是"周齐君臣服圣"、"孔子奔齐反鲁"、"孔子鼓瑟见老聃"、"备论历代帝王"四章。存五十八图，记述至孔子四十三岁。

卷二首行，新锲孔圣宗师出身全传卷之二误刻成卷之一。全卷共四章，即"师弟讲论五经"、"训谦言志居官"、"孔圣政教异常"、"尼父德教先知"。有四十五图，记述至孔子四十八岁。

卷三共七章："详论冠婚丧祭"，"诛乱训教访道"，"齐怯鲁还田归邑"，"为官师徒问答"，"圣人堕却训贤"，"孔子摄政去鲁"，"夫子道穷于卫"。有六十七图，记述至孔子五十九岁。

卷四共三章："孔圣历曹宋郑"、"夫子卫陈论政"、"晋人兵纳

① 冯贞群1960年自注《善本缺少书目》，稿本。
② 北京图书馆编著《西谛书目》，1963年10月文物出版社版。
③ 见该书影印本前言。
④ 胡适跋文称"章"，《中国通俗小说总目提要》称"回"，均非原书所题。

蒯聩"。有四十图,记述至孔子七十三岁病逝,有诗曰:"知世不可为,退休鲁邦归。三代礼捐益,唐虞书传遗。无道麒麟见,预报圣归期。不忆梁木坏,真个泰山颓。"下录《诗礼堂铭》、《金丝堂铭》、圣代源流等,自"杏坛勒铭"以下又三十四图。

全书十九章,存二百四十四图。书末著者按语云:"周季至我明经十朝,自孔圣至今凡六十余代,孰不师法孔子而不溯其源流,终为缺略,故首及之。"表明写作此书的动机与目的。

朱赞卿先生别宥斋藏书十余万卷,自1979年1月赠送天一阁后,便进入公管时期。管理部门除加强保护外,还通过编印书目、开放阅览、举办展览、出版珍本等方式,使藏书"古为今用"。古籍重刊不仅便利于图书流通使用,而且还有利于原本保护。数十年来,限于条件,已经校刊与影印的别宥斋赠书虽然不多,但所刊均为罕见之本,可贵可记。

夜航船十二卷

(明)张岱撰。清观木斋绿丝栏抄本十册,有"朱别宥收藏记"朱文长方印。

张岱字宗子,一字石公,号陶庵,又号蝶庵,浙江山阴(今绍兴)人,长期侨寓杭州,生于明万历二十五年(1597),约卒于清康熙二十八年(1689)。他出生世宦之家,祖先"家本剑州",故自称"古剑陶庵老人"或"蜀人张岱"。他只中过秀才,一生没有做过官,明亡后"披发入山",避居剡溪,在穷困中仍然坚持著述。据其《自为墓志铭》,著有《石匮书》、《张氏家谱》、《义烈传》、《琅嬛文集》、《明易》、《大易用》、《史阙》、《四书遇》、《梦记》、《说铃》、《昌谷解》、《快园道古》、《傒囊十集》、《西湖寻梦》、《一卷冰雪文》,共十五种。此外还有《夜航船》、《有明于越三不朽名贤图赞》等数种。

《夜航船》是一部类书,卷首题古剑陶庵老人张岱序,略云:

"天下学问,惟夜航船中最难对付。昔有一僧人,与一士子同宿夜航船。士子高谈阔论,僧畏慑,拳足而寝。僧人听其语有破绽,乃曰:'请问相公,澹台灭明是一个人?两个人?'士子曰:'是两个人。'僧曰:'这等尧舜是一个人?两个人?'士子曰:'自然是一个人。'僧乃笑曰:'这等说起来,且待小僧伸伸脚。'余所记载,皆眼前极肤浅之事,吾辈聊且记取,但勿使僧人伸脚则可矣。故即命其名曰《夜航船》。"全书二十卷,每卷一部,分天文部、地理部、人物部、考古部、伦类部、选举部、政事部、文学部、礼乐部、兵刑部、日用部、宝玩部、容貌部、九流部、外国部、植物部、四灵部、荒唐部、物理部、方术部,计一百三十个子目,四千多个条目,内容广博,称得上是一部小型百科全书。

《夜航船》一书沉埋三百余年,罕见传本。二十世纪八十年代,浙江古籍出版社拟出版张岱著作。我们即请人抄录副本,并提供拍摄书影等工作方便。1987年2月,全书经刘耀林先生标点校注,由浙江古籍出版社出版,铅印一册。

重刊订正秋虫谱二卷

题宋平章□□□辑,明□□王□□校,步虚子重校。明嘉靖二十五年(1546)刻本一册,钤"朱别宥收藏记"朱文长方印。

书有破损,中多缺文,经与万历刻本《鼎新图像虫经》相校,著者姓名为"宋平章贾秋壑辑,明居士王淇竹校"。贾秋壑名似道,字师宪,南宋末年台州人。度宗时封太师,平章军国大事。专权误国,不久被革职放逐,至福建,为监送人所杀。传说著有《促织经》一卷。贾似道虽以奸相而斗蟋蟀著名,但未必曾辑此书,疑出书坊伪托。

《秋虫谱》属谱录类图书,内容涉及昆虫学与民情风俗。卷首嘉靖丙午(二十五年,1546)仲春徽藩芸窗道人撰《促织论前序》,

附题促织三首,破俗说。上卷促织论,胜败释疑论,收虫秘诀,养虫要法,交锋论法,对比法等。末附秋夜闻虫赋。正文半页八行,行二十字,书口刻"奋翼馆"三字,书的最后刻"嘉靖丙午岁仲秋望后步虚子增释□"一行。

1990 年初,顾廷龙先生来信,谓友人王世襄先生要传抄《秋虫谱》。我们便请人抄寄一册。后来,王先生纂辑《蟋蟀谱集成》,我们又提供原本书影。1993 年 8 月,《蟋蟀谱集成》影印本由上海文化出版社出版,精装一册。别宥斋所藏《重刊订正秋虫谱》被列为第一种,是现存最早的蟋蟀谱。

金 莲 记 二 卷

题越郡陈氏函三馆编。明万历三十四年(1606)陈氏函三馆刻本二册,有"镜西珍赏"朱文方印、"萧山朱鼎煦收藏书籍"朱文长方印等藏印。

作者自序略云:"苏子瞻先生奇才大节,……不佞雅慕先生之为人,玩其集,摹其书,有恍然与先生神遇者,因于铅椠之暇,偕宗人清长氏谋谱先生为乐府,而题其记曰金莲。"序末署:"万历丙午七月既望燃藜仙客书于函三馆之瑞芝楼。"朱鼎煦撰此书题跋云:"仙客陈氏,名汝元,明仁和人,字太乙,孝廉,工乐府。"又山阴陈证圣清长在凡例后题识:"家孝廉蕴藉宏深,襟怀潇洒,平生所景慕者在长公一人,不惟文翰之相符,抑且神情之与契,甲辰下第南归,戏成此记,倘亦孝廉自寓意乎?"综上所述,才知作者概况。

《金莲记》是一部戏曲剧本,写苏轼(字子瞻,号东坡居士)故事,其首引称:"夷坚艳异总荒唐,何如苏学士,才节世无双。赤壁一游闲事耳,生平梗概宜详金莲新谱漫铺张。"卷首序、凡例、总目。分上、下二卷,有插图八帧,上卷第一出至第十八出:首引,偕计,弹丝,郊遇,射策,捷报,构衅,外谪,闺咏,归田,湖赏,媒合,小星,诗案,就逮,生离,廷谳,闻系;下卷第十九出至三十六出：饭鱼,控代,重贬,蜀晤,赋鹤,诟奸,量移,惊讹,焚券,赐环,释愤,同梦,慈训,觐圣,便省,证果,接武,昼锦。

此书半页十行,行二十字,白口,单鱼尾,四周单边,版心上刻书名,中刻卷次与页次,下为小字双行,刻馆名与字数,偶记刻工："秣陵冯志廷刻"、"张"、"邓"、"邵"、"冯"。刻印精良,版画尤为精美。传本稀少,《中国古籍善本书目》著录仅两部。另一部藏北京图书馆,已有残缺,序文、凡例、目录前半抄配。① 此书可能是现存唯一的原刻初印本完帧,2003 年 1 月,为传承珍籍,特请广陵古籍刻印社影印出版,影印本线装二册,一函。

明史列传稿不分卷

（清）万斯同等撰,稿本十二册,钤有"季野"朱文长方小印,"陈樾"白文方印,"平枢"白文方印,"芷台"白文与朱文方印,"刘积学"白文方印,"别宥斋"朱文方印等多方印章。

万斯同字季野,号石园,浙江鄞县人,明崇祯十一年（1638）正月二十四日生,清康熙四十一年（1702）四月八日卒于京寓,年六十五。据《鄞县通志·万斯同传》载：斯同生而异敏,从黄宗羲,得闻蕺山刘氏之学。博通诸史,尤熟明代掌故。康熙十七年荐博学鸿儒科,辞不就。会召修明史,大学士许元文为总裁,欲荐入史局,斯同复辞,乃延居其家以刊修委之。时史局中征士许以七品俸,称翰林院纂修官,斯同独以布衣参史局,不署衔,不受俸。诸纂修官以稿至,皆送斯同复审校补。元文罢,继之者大学士张玉书、陈廷敬、尚书王鸿绪皆延请斯同有加礼。斯同在都门十余年,士大夫就

---

① 周妙中《江南访曲录要》,见中华书局编《文史》1981 年 9 月第十二辑。

问无虚日。斯同与人往返,其自署只曰布衣万斯同。乾隆初,大学士张廷玉等奉召刊定《明史》,以王鸿绪史稿为本而增损之,王氏稿大半出斯同之手。

《明史列传稿》原藏河南人周维屏家,民国二十年(1931)呈送行政院,自言是辛亥革命老同志遗族,申请政府购藏,以示抚恤。行政院发交教育部处理。此稿除其中一册署"徐潮具稿"外,余均不注撰人名氏。教育部请著名学者柳诒徵先生鉴定。柳先生经过认真研究,撰《明史稿校录》一文,首云:"郑君鹤声持视教育部发阅中州某君赍呈之万季野《明史稿》十二册,属余定其然否。余熟复之,信为康熙中明史馆纂修诸公手笔,不敢遽断为万先生书。书虽不完,朱墨烂然,绳削增损,具见史材之璞。"①后经当时在教育部工作的沙孟海先生介绍,于民国二十三年(1934)由朱鼎煦先生以重金购得,藏于别宥斋。朱先生对全稿作了统计:"凡文二百四十有八篇,中有二、三人合传者,得二百五十有二人,益以附传一百三十有四人,都三百八十有六人。"②

此后,书稿上多了吴泽、葛旸、陈廖士、李晋华、张宗祥、朱鼎煦六人题跋或题诗。吴跋云:"别宥见示万季野先生《明史稿》,改窜涂乙颇有义法,非深于史学者弗能为。泽复与先生当年与人手札再三细校,字字结撰又不爽累,忝审为真迹无疑。"张跋亦云:"此稿字体含章草意味,万氏早期字学石斋,当为亲笔,赞卿先生宝之。"

1990年3月,沙孟海先生撰《万季野明史稿题记》,认为上海图书馆所藏万斯同致董巽子一札墨迹及《昭代名人尺牍》刻帖中万氏复董巽子一札,与《史稿》同出一人之手,并指出"万书构法,多上大下小"的特点。因而确定其中万氏手稿六册,誊本经万氏笔

① 柳诒徵《明史稿校录》,见1931年《江苏省立国学图书馆第四年刊》。
② 朱鼎煦《明史列传稿跋》,见卷首。

削者三册,誊本而未见万氏手笔者一册,又有誊本而叶首署徐潮具稿者一册,总十二册"皆汇集《传》文,未加铨次"。① 2008 年,为纪念万斯同诞辰三百七十周年,天一阁管理部门请宁波出版社将《明史列传稿》影印出版。影印本线装十二册,一函,于 11 月 20 日举行首发式。

上述四种典籍作为天一阁藏书著录于《中国古籍善本书目》,有的入载《国家珍贵古籍名录》,重刊时又称"天一阁藏本"。今追述其源流,志饮水思源,不忘旧也。

① 沙孟海《万季野明史稿题记》,载《宁波大学学报》1990 年第一期。

《金莲记》提要补正

　　明代刻印的明人戏曲作品,有不少已经失传。明院本《金莲记》虽非孤本,但国内仅天一阁与北京图书馆(今中国国家图书馆)两处收藏。天一阁所藏万历三十四年(1606)陈氏函三馆刻本,今由江苏广陵古籍刻印社照原书版框大小影印一千部。每部线装二册,以绫面、缎函、宋锦囊盒包装,装帧精美,深受读者和藏家喜爱。

　　我读《金莲记》影印本,发现书盒内所附提要内容欠妥,询问撰稿人,答云:"据谢国桢先生《江浙访书记》。"核之,果然,二文均称"是书谱苏东坡遇红莲逸事","版画四帧",谢文更误此书传承关系。因二文影响颇广,故一并补正如下:

　　(一)剧情并非"谱苏东坡遇红莲逸事"。

　　提要称"是书谱苏东坡遇红莲逸事"是不正确的,我们可以从三个方面来证明。

　　其一,出场人物中无红莲其人。剧中主要人物有苏轼字子瞻号东坡,东坡弟苏辙号颍滨,东坡父苏洵号老泉,老泉之配程夫人,东坡之配王夫人,东坡之妾王朝云,妓女操琴,侍女梦巫,契友黄山谷,妹婿秦少游,禅师佛印,丞相章惇,东坡长子苏迈,东坡幼子苏过。此外还有程颐、王安石、鲍妪、鲍不平、宋徽宗等,但始终未见红莲出场。

　　其二,全书写苏轼"生平梗概"。故事从苏轼、苏辙等同上公车赴京赶考说起。因苏轼得第一名,苏辙为第二名,圣旨着兄弟同直史馆,撤殿前金莲御烛,送轼归第,引起章惇的妒嫉。一次,程颐、王安石、章惇、苏轼共议国是,苏轼对王安石的青苗法持不同意见,因而受到排挤,被贬出守杭州。

苏轼在杭州纳王朝云为妾。章惇与御史舒亶商量弹劾苏轼,说苏轼到杭州后"湖上筑新堤,赤子金嗟苦役;舟中了公事,黄堂共议鳏官。况复品题,更多讥谤。箱盈案积,尽为怨主之言;板刻石镂,悉是嘲时之句"。经西台会问,苏轼被发为黄州团练副使。

苏轼与朝云、苏过来到黄州,因营小筑,自号东坡。公暇,约黄山谷再游赤壁。后因章惇再次诬告:"子瞻遨游山水,放浪壶觞,全无悔罪之心,反有玩世之意。"苏轼被"量移儋州安置"。苏轼在儋州为恤老怜贫,让还朱户,焚券,"不复索取青蚨"。

秦少游官居谏职,为苏轼"上洗冤之牍"。奉圣旨:苏轼着以礼部左侍郎兼端明殿学士,驰驿赴京;章惇发雷州安置,永不许叙用……

剧情不免虚构,凡简略、附益、联缀、省便、隐讳、变通、更新之处,作者在凡例中已加说明。

其三,本书作者自序和凡例已有交代。自序称:"先生初终大致详于年谱,此记按谱填词,颇称实录。惟红莲一事仅见小说家,似未可尽信。而三人同梦语乃载先生集中,又非孟浪比也。"凡例云:"传奇每多失真,而本记颇称实录。"至于"红莲事,见于小说家,而本记止于印师白中述其梗概"。作者在郊遇、证果二出中,通过佛印之口说出:"我前世与苏子瞻并生秦谷,同卧招提,我有明悟之名,彼有五戒之号。曾拾赤褓于雪地,遂留翠黛于禅关,名曰红莲,丽超金粉。恨五戒之偶见,恰六尘之未消,自惭败坏前修,因此托生后世,清一胎投琴操,红莲舍夺朝云,当完再世之姻缘。"作者没有在此书中"谱苏东坡遇红莲逸事",是由于:"一则以前世渺茫,理有所不可晓;一则以今生历涉,势有所不及详。故也。"但是"仍虑好事者欲镜其全,特另撰红莲一剧,以附于后"。可知《金莲记》之外,还有一剧专写红莲轶事,只是本书卷后不见有此剧附焉。

（二）全书版画，不只四帧。

提要说："首列版画四帧，图一曰'既折蟾宫桂，期看上苑花'，图二曰'金莲承特宠，玉署喜联登'，图三曰'公事湖中了，禅机合下参'，图四曰'金屋虚专夕，银河度小星'。此四图版刻精细，人物形态栩栩如生，是研究我国戏曲史及版画史的宝贵材料。"显然，这里漏掉了卷下的四帧。

《金莲记》分上下二卷，每卷首各有版画四帧，有了八帧版画，才可完整而又形象地反映全剧主要情节。提要遗漏的四帧版画，依次应为："图五曰'烹鲈供笑傲，赋鹤羡逍遥'，图六曰'焚券仁人德，衔环义士心'，图七曰'了悟前生事，方知今世因'，图八曰'锦衣归故里，紫诰锡殊恩'。"

（三）传承关系不该颠倒。

天一阁今藏万历本《金莲记》，由浙东著名藏书家朱赞卿先生家属于1979年所赠送。书上钤有"萧山朱鼎煦收藏书籍"白文和朱文长方印，"别宥斋"朱文长方印，"赞卿心赏"朱文方印，"朱鼎煦"白文长方印，"萧山朱氏别宥斋藏书印"朱文大方印，这些都是朱赞卿先生的藏书印。

至于朱赞卿先生原藏此本如何得来？谢国桢先生在文中误以为从马氏不登大雅之堂所得，他说此书"为鄞县马隅卿不登大雅之堂所藏，题有'二十三年十月马九装于北平'一行。原书流传甚罕，为萧山朱赞卿所得，视为珍密之本"。其实，谢先生所引述的"二十三年十月马九装于北平"的题文，不是写在书上，而是朱赞卿先生手书后粘贴在《金莲记》书夹板上的一张题签，记当年马隅卿先生借阅此书，归还前重装之事。

我们若细加注意，书上除了朱氏别宥斋藏印之外，上下二卷均钤有"镜西珍赏"朱文方印。镜西即萧山藏书家姚莹俊。朱赞卿先生题跋云："岁癸丑，余自朱家坛迁居北城金家桥，与先生居处密迩，岁时旋里必趋谈。先生常伏案校书，询何以老而劬学至此，曰：

'为来生地耳!'语次掩卷而起,问近得何书,娓娓谈不已。余之略知版本,姚先生启之也。一日,出此书相赠,却之不可,曰:'后人不知宝惜,今归子,得所矣!'予报以狐裘一袭。亡友马隅卿曾携京重装一过,至今触手如新。"可证马隅卿先生重装《金莲记》之前,此书已归朱氏别宥斋了。

探寻《复庄今乐府选》

    《复庄今乐府选》不分卷,清姚燮选辑,全书一百九十二册,是一部罕见的大型戏曲选集,是研究我国戏曲和戏曲史的重要文献。天一阁今藏此书的部分稿本,可备选入《天一阁珍本丛书》。为使其余部分能在出版时璧合,我对全书面貌与传存情况作了调查,简述如下:

    姚燮字梅伯,一字复庄,祖籍浙江诸暨,后迁镇海,道光十四年(1834)举人。史称其性跅弛不羁,好征歌游宴,客中金尽,则闭门作画,市人争购之。善画梅花,淋漓尽致,人称大梅先生。尤工诗文。家贫不能里居,终岁旅游,所至流连吟咏为乐。著述甚富,有《复庄诗问》、《疏影楼词》、《梅心雪传奇》等二十余种。后匿居山谷,整理文稿,卒年六十。

    《复庄今乐府选》是一部抄清稿本,由姚燮选目后请人抄录,再经姚燮手校。书上有姚燮的许多校记,例如"此本从彦卿借抄,为瓶水斋旧藏写本","雪窗灯下校"、"与前帙同夕校,时漏三下,雪始霁,以酒御寒"、"校此已达旦"等等,可见其选校之辛勤。从校记所署岁月可知,书稿编成于咸丰元年至三年(1851—1853)间。成书后未付梨枣。

    《复庄今乐府选》首末无序跋,亦无总目录。每册首页空白,编记册次,书根亦记册次。正文楷书,抄手不一。蓝格,竹纸,版框高十七厘米半,宽二十六厘米,左右双边,每半页十一行,行二十二字。单鱼尾,鱼尾下题曲目名称和页次,自为起讫,版心下刻"大梅山馆集"五字。首行小题在上,大题在下,依次为曲目、作者、类别、书名。例如第十七册，首行题："勘头巾、孙仲章、元杂剧、复庄今乐府选。"天头有姚燮眉批"原题作河南府张鼎堪头巾"，边题"辛亥五月十八日亥刻不寐挑灯校读一过"，下钤"复庄"朱文小方印。

光绪三十年（1904），冯辰元为编目录一册，计十页。他在《复庄今乐府选总目序》中说："今春，余寄寓港口李如山比部家，课读女弟子。夏四月，其仲兄玉麟明经因诸暨友人之请，而嘱余录其序。盖复庄原籍义安，欲刊之以光志乘。乃检阅总目，本其简端，祗余空白数页，并无列序，谅以复庄时当校录、眉批手注，日不给皇，以致欲作序而未果欤？……今是选归李氏家藏，古色古香，殊堪宝贵。余录其总目一帙。"目录抄写在定海蒙学堂功课表空白处，依次著录衢歌五种，弦索一种，元杂剧九十二种，明杂剧二十五种，清杂剧四十种，元院本二种，明院本七十一种，清院本一百七十四种，元散曲二种，明散曲八种，清散曲十一种，共四百三十一种。

姚燮去世不久，大梅山馆藏书陆续散出，光绪间，此书为同郡港口李如山所得。后来，李氏藏书又辗转流散。所以，长期以来，许多戏曲史研究者知道有此书，都不曾亲睹。直至解放后，它才陆续归于公藏。

浙江图书馆访得大部分。张宗祥馆长在亲编的存目后题记："一九五四年夏，购得姚梅伯选抄乐府一百十本，苦无细目，因为录此。原书凡百九十二册，今逸八十二册，不知是书尚在人间？真使人怅怅。"不久，《浙江图书馆特藏书目乙编》著录："《复庄今乐府选》不分卷，存一百十册，姚氏手校。"近年新出版的《浙江图书馆善本书目》除著录册数外，又增加了"存四百一卷"，并详列所存词曲名称、卷数，及作者姓名。今据其所藏曲目统计，有衢歌五种，弦索一种，元杂剧二十九种，明杂剧二十种，清杂剧四十种，元院本一种，明院本二十九种，清院本一百十一种，明散曲八种，清散曲八种，耍词二种，共存二百五十四种。

1979年8月，朱鼎煦先生"别宥斋"藏书捐献给天一阁，其中有《复庄今乐府选》五十六册,附耍词散曲一册,冯辰元编目录一册。《天一阁善本书目稿》著录:"存一百三十九种,二百二十五卷",即元杂剧六十三种,六十三卷;明杂剧五种,五卷;元院本一种,四卷;明院本三十一种,七十一卷;清院本三十九种,八十二卷。可惜书籍多虫蛀霉变,有的虽经修补,但补后再次虫蚀残破。

附耍词《谐剩》散曲《春雪新声》一册,系姚燮手稿,共十八页,盖为姚氏初选之本,未列入总目。书中有无我相居士题记三行,谓:"壬申十月初四日,又遭炊臼之悲,整顿家藏书,不意于故纸堆中得此,校读一过。……"接着,又有辛卯岁文山农题识二行,内容无关紧要,但由此可知,自同治十一年(壬申,1872)至光绪十七年(辛卯,1891)间,此书已二易其主。

北京图书馆访得二册,计四种五卷,即清院本《红玉簪》一卷,《醉西湖》一卷,元散曲《张小山小令》二卷,《乔梦符小令》一卷。其册次署第百八四、百八五。

综合以上三家所藏,《复庄今乐府选》今存一百六十八册,尚缺二十四册。词曲种数的合计,有一个残本计算问题,如果一书分藏于两家,往往各作为一种,合计时会重复。至于卷数,因原稿不分卷,后人分卷方法不同,故众说不一。冯辰元《复庄今乐府选总目序》说:"蛟川姚先生复庄为吾浙名士,风流蕴藉,于书无所不窥……咸丰辛亥(1851)夏五,选录词曲四百余种,都为一百九十二卷,晨夕手校,名曰《今乐府选》。"这里以一册作一卷。后人又多以所录词曲一种为一卷,或一种之内分上下者为二卷,一种有三、四卷至五六、卷者,便如数相加。

《复庄今乐府选》孤本传世,在经历一个半世纪后,仍保存了极大部份,既值得庆幸,又令人遗憾,今后尚须关注的是能否找到失落的二十四册。我在调查中,发现1964年周妙中《江南访曲要录》中《复庄今乐府选》条载:"其所散佚之《伍员品箫》、《虎头牌》、《陈州粜米》、《合同文字》、《来生债》、《勘头巾》、《红梨花》、

《李逵负荆》、《竹坞听琴》、《小尉迟》、《冻苏秦》、《马陵道》、《杀狗劝夫》、《争报恩》、《鸳鸯被》、《昊天塔》、《隔江斗智》、《赚蒯通》、《百花亭》十九种元人杂剧已为苏州市文物保管委员会购得。"今与存目校对，以上十九种实藏宁波天一阁，如果不是周先生记载有误，那么他在苏州所见，当为《复庄今乐府选》的别一抄本。

今以冯辰元编《复庄今乐府选总目》与三家存书目录相校，查明缺失词曲三十八种，记目于后，以便继续寻找或辑补：

一、明院本（七种）

无名氏撰《杀狗》、《霞笺》、《飞丸》、《玉环》、《赠书》、《寻亲》、《金蕉》。

二、清院本（三十一种）

李元玉撰《麒麟阁》、《清忠谱》、《风云会》。

龙子犹撰《万事足》、《女丈夫》、《双雄》。

朱良卿撰《九莲灯》、《牡丹图》、《渔家乐》、《艳云亭》。

王介人撰《词苑春秋》。

李笠翁撰《奈何天》（缺卷四）、《玉搔头》（缺上）、《凰求凤》、《巧团圆》、《满床笏》、《风筝误》（缺下）、《比目鱼》、《慎鸾交》、《蜃中楼》、《意中缘》、《怜香伴》、《富贵仙》、《双错鸳》、《合欢锤》、《雁翎甲》。

蒋士铨撰《空谷香》。

沈起凤撰《文星榜》。

玉勾词客撰《地行仙》。

无名氏撰《金钿盒》。

《香消酒醒曲》校记

　　天一阁新藏大梅山馆抄本《香消酒醒曲》为朱氏别宥斋所赠。即《中国古籍善本书目》集部曲类著录的"香消酒醒曲一卷,清姚燮撰,稿本"。我在撰写《书城琐记》一书时,始展卷阅览。这是一册蓝丝栏抄本,书口上题"散曲",中题书名页次,下刻:"大梅山馆集。"当时因书上笔迹非姚燮手书,其版式与姚燮《今乐府选》,具有同为选本的特征。又因卷首缺三页,不见著者署名,便对此书作者是否姚燮产生疑问,但一时又无对勘之本,只好"尚待进一步考证"。

　　《书城琐记》出版后不久,我收到南京大学胡忌先生热情洋溢的来信,其中说到《香消酒醒曲》一书,"同名者为赵庆熹(字秋舲)所作,赵作有道光刻本,其生卒年月为 1792 至 1847 年,略早于姚燮,如将三页后的曲文转录几句,与道光刻本赵作对勘,当可明白梅伯曾作《香消酒醒曲》与否"。后经书信往还,终于搞清《香消酒醒曲》的作者确为赵庆熹而非姚燮,解决了姚燮著作研究的一件疑案。

　　正当我拟将此书残缺部分补抄齐全之时,胡忌先生函告:"寒舍所藏为同治戊辰秋仲西泠王氏重刊本,分上下两册,上册为词,下册为曲。……我想作为天一阁藏书,单有《香消酒醒曲》尚非完璧,因原来附于词之后,不如词曲均收为妥。"2001 年 7 月,胡先生慷慨地将珍藏多年的《香消酒醒词曲》一部二册,赠送给天一阁。

　　同治刻本第一册正文首页前二行题"香消酒醒词附曲"、"仁和赵庆熹秋舲"。卷首道光二十八年(1848)魏谦升序,道光二十九年项名达序,卷末道光二十九年许乃安跋,同治七年(1868)江亦显跋。第二册正文首页前二行未题书名与著者,仅在书口题"香消酒醒曲"。

赵庆熹,浙江仁和人,读书成进士。以县令待铨选,家居几二十年,始铨授陕西延川令,中途病作,不得往。归而杜门养疴,久之改就婺郡教授,未几而旧疾复作,遂不起。魏序云:"君与余诗文外复喜倚声,君则更为金元乐府,缠绵哀艳,一往有深情,即今附刊于词集后者是也。"

《香消酒醒曲》初刊于道光二十九年(1849)。至咸丰十一年(1861),太平军进杭州,书板尽毁。同治七年(1868),仁和江亦显据原刻本重为校刊。姚燮病逝于同治三年,大梅山馆抄本当据初刻本抄录,首缺三页为"南南吕·春晓——香遍满、懒画眉、二犯梧桐树、浣溪沙、刘泼帽、秋夜月、东瓯令、金莲子、尾声。南仙吕·对月有感——忒忒令、沈醉东风、园林好、嘉庆子、尹令、品令、豆叶黄、月上海棠、玉交枝、玉胞肚"。自第四页"三月海棠"至卷末"驻云飞·冬日早起"均无损。

马廉的《录鬼簿新校注》

    《录鬼簿》二卷《录鬼簿续编》一卷，记录了元代及明初时期戏曲作者及其作品，是中国戏曲史的重要文献。马廉先生对此书有较系统的研究，他的研究工作得从明蓝格抄本的发现和传抄说起。

    明蓝格抄本是现存正续《录鬼簿》的最早传本，卷首元至顺元年（1330）钟继先序，至顺元年朱士凯序，慈溪邵元长序，至正二十年（1360）邾经题词，明永乐二十年（1422）贾仲明《书录鬼簿后》。卷上录前辈名公乐章传于世者，自董解元以下至元遗山四十五人，只记姓名不记作品。又录前辈才人有所编传奇于世者五十六人，首关汉卿，末红字李二，均记其所著剧目。卷下录方今才人五十一人，相知者为之作传，亦记其所著剧目，并作词曲吊之。续编记钟继先、罗贯中以下至贾仲明、戴伯可等剧作家七十一人及其作品，又附失载名氏诸公之传奇剧目七十八种。

    明蓝格抄本《录鬼簿》不署作者姓名，卷首钟继先序说："人之生斯世也，但知以已死者为鬼，而未知未死者亦鬼也。"又说："余因暇日缅怀古人，门第卑微，职位不振，高才博艺，俱有可录，岁月縻久，湮没无闻，遂传其本末，吊以乐章，使岁寒乎冰，青胜于蓝，则有幸矣。名之曰《录鬼簿》。嗟乎！余亦鬼也，使已死未死之鬼得以传远，余有何幸焉。"可知《录鬼簿》为钟嗣成撰。钟嗣成字继先，号醜斋，古汴人，以明经累试于有司，数与心违，便杜门养浩然之志。人称其德业辉光，文行温润，人莫能及。善音律，所编小令套数极多，脍炙人口，惜传奇杂剧多散亡。

    《录鬼簿续编》也不署作者姓名。据贾仲明《书录鬼簿后》中说:"余今暮年衰老,首先公卿大夫四十四人未敢相挽,自关先生至高安道八十二人,各勉强次前曲以缀之。"知续编为贾仲明等所撰。贾仲明山东人,善吟咏,尤精于乐章隐语,自号云水散人,所作传奇乐府极多,后徙居兰陵,著有《云水遗音》等集行世。

明蓝格抄本《录鬼簿》为天一阁旧藏孤本,已于早年散出。散出后由清末慈溪沈氏抱经楼收藏,书上钤"亚东沈氏抱经楼鉴赏图书印"、"浙东沈德寿家藏之印"二朱文方印,沈德寿《抱经楼藏书志》卷四十八著录。沈氏书散,归鄞县孙氏蜗寄庐,钤有"鄞蜗寄庐孙氏藏书"朱文方印。

民国二十年(1931)夏,赵万里、郑振铎两先生到宁波访书,会晤了前已归里的马廉(隅卿)先生,即同寓马家月湖老宅东厢房中。三人谋一登天一阁,而终格于范氏族规,不得遂所愿。于是走访了冯孟颛伏趺室、朱赞卿别宥斋、孙翔熊蜗寄庐诸藏书之家。在孙氏蜗寄庐发现了明蓝格抄本《录鬼簿》,大家都很高兴,经主人同意,约定借归一天。当晚在寓所特地安装了一只一百支光的大灯泡,三人分头各抄一卷,费了一夜和一个上午的时间,才抄成了一部。事后赵万里在《录鬼簿》一书的跋文中回忆说:"一日,往访孙翔熊先生,孙先生正在庭前曝书。我们在书堆中发现《录鬼簿》和《续录鬼簿》一册,明抄蓝格,一望而知为范氏天一阁故物。借归以校康熙间曹楝亭刻本,始知无名氏编《录鬼簿续编》确为孤本,向所未见。"郑振铎《新镌女贞观重会玉簪记》跋文中也说:"孙君独吝,迟迟乃出明蓝格抄本《录鬼簿》后附有续编者,及明白绵纸刻本《女贞观重会玉簪记》二书,二书出,他书皆黯然失色。我们相顾动容,细细翻阅数过,于《玉簪记》的插图尤为欣赏不已,然终不得不捧书还之。独于《录鬼簿》则不忍一释手,以其中的戏剧资料均为第一手的,少纵即逝。乃向主人力请一假,约以次日归赵。孙氏慨允我们之请,我们心满意足,抱书而回。就在当夜,拆书为三,由我们三人分写之。这是值得通夜无眠地来抄写的。这部抄本后来由北京大学付之影印,人人均可得见之了。"

后来,马廉以三人抄写的天一阁旧本为基础,与孟称舜刊本《录鬼簿》、曹栋亭刊本《录鬼簿》、暖红室《录鬼簿》、王国维校注本《录鬼簿》、涵芬楼秘笈本《太和正音谱》、《元曲选目》、《也是园书目》等进行比勘,凡底本与各本不同者,虽一字之异,即以案语标明,完成了《录鬼簿新校注》。

《录鬼簿新校注》卷首有马廉写的说明和引用书目,卷末有附录,附《杂剧三十种》本剧目一种,附《太和正音谱》古今无名氏杂剧目四十五种,附《永乐大典》无名氏剧目五种,附《元曲选》剧目六种,附《新续古名家杂剧》不题撰人者剧目三种,附息机子《元人杂剧选》不题撰人者剧目二种,附国学图书馆影印《元明杂剧》不题撰人者剧目一种,附《雍熙乐府》无名氏杂剧九种,附钱塘丁氏明抄残本无名氏杂剧剧目一种,附《也是园书目》著录无名氏剧目一百三十六种,附《北词广正谱》无名氏杂剧目一种,附《青楼集》引失名氏杂剧目一种。合计补录剧目二百十一种,在部份剧目后亦加案语,为进一步研究戏曲史的学者提供了详实的资料。

《录鬼簿新校注》一书早已引起学术界的重视,马廉去世后,有民国二十五年(1936)十月《国立北平图书馆馆刊》十卷一至五号抽印本,1957 年 6 月文学古籍刊行社标点铅印本。

《选诗类抄题跋》手稿编次记

近来，谢典勋先生在清理天一阁新藏碑帖拓本时，拣出一堆杂书，交我过目。我特别注意到其中的一束文稿，因原稿分页裱装，未记页次，颠倒错乱，一时不能卒读。于是按其落款年月与合裱关系作了整理排比，并在每页背面用号码机打上新编页码，共得十八页半。始知此册为现代学者在读清初姜西溟先生手书《选诗类抄》一书后所写的题跋，除马叙伦仅题"民国廿有二年十一月马叙伦敬观"一行外，有诗文各九篇，先后题写于民国二十年至二十四年间（1931—1935），依次为袁思永（诗）、黄侃（诗）、穷独叟（文）、陈汉章（文）、杨敏曾（文）、潘兰史（文）、周承德（诗）、孙锵（文）、李生翁（文）、洪允祥（诗）、蔡元培（文）、玄婴（文）、戚扬（诗）、黄节（文）、金兆蕃（诗）、古直（诗）、陈诗（诗）、林损（诗），其中多为名人。编次就绪，即将此稿本加一封套，并补载于《天一阁新藏书目》。

姜西溟名宸英，学者称湛园先生，浙江慈溪（今宁波市江北区慈城镇）人，工诗文，精书法，与朱彝尊、严绳孙并称"江南三布衣"。以诸生入明史馆，充纂修官，分撰刑法志。后又参与修《一统志》。康熙三十六年（1697）七十岁时成进士，以一甲三名授翰林院编修。后因科场舞弊案受牵累，病卒狱中。光绪《慈溪县志》记载姜西溟著作有《湛园札记》、《湛园未定稿》、《苇间诗集》等十九种，其中《选诗类抄》称未定稿，无刻本。

《选诗类抄》是一部诗歌总集，成于康熙十二年（1674）。次年，姜西溟《选诗类抄序》云："梁昭明太子选诗，自荆轲下，合六十五人,分其体为二十三部,余嫌其未足以著时代之升降,究作者之归趣也。去年十一月,自京师道汝宁,客邸多暇,因取更编辑之,以人系代,以诗系人,稍芟汰者十之二。日呵冻书之,仅一月发汝抵广陵,录成卷,共得一百十三纸。略疏其人世次爵里于其名之下,而不见余抄者七人焉。"可知其选诗有优于以往选家之处。

二百五十余年以后,《选诗类抄》引起学者们如此关注,还由于姜西溟手迹经历时代的风雨,那时已极为罕见。戚扬题诗:"顺康文物半灰尘,忽见西溟墨迹真。追步选楼高著眼,江河万古几诗人。"李易生云:"西溟先生著述之暇好治书法,尤精小楷,此《选诗类抄》,疏逸蕴藉,颇有晋人风致。"

姜西溟后人式微,《选诗类抄》流出,杨敏曾"见《类抄》真迹于邑西董氏,诧为至宝,忽忽五十余年,此册又为童君藻孙所得。童君钦慕先生之诗文与其节行,又以先生之书,海内推重,独其小楷世不经见,因用西法影印,以广流传"。童藻孙得书后便请师友们写了上述许多题跋。他的书斋称宝姜堂,可能也因收藏此书而得名。

童藻孙名第德,一字次布,浙江鄞县人,长于校勘训诂之学,著有《宝姜堂札记》、《韩集校诠》等。吴则虞《韩集校诠序》云:"鄞县童君次布晚客京师……越年君卒。又越年,嗣君谋写布君书。"吴序作于 1970 年 8 月,据此童藻孙约卒于"文革"初期,不知其所藏姜西溟手书《选诗类抄》尚无恙否?

《选诗类抄题跋》现存诗文十八篇,以蔡元培、陈训正(玄婴)、陈汉章三人所写文字较长。蔡元培跋文共三纸十七行,其手迹尤可珍贵。蔡元培是我国近代著名的民主革命家、教育家、新文化运动的先驱,字鹤卿,号孑民,浙江绍兴人。清光绪十八年(1892)进士,充翰林院庶吉士,两年后授翰林院编修。民国元年(1912)为首任教育总长。六年(1917)出任北京大学校长。十七年(1928)辞去其他职务,专任中央研究院院长,直至二十九年(1940)在香港病逝。他学问博大精深,著述宏富。1997 年,浙江教育出版社出版了中国蔡元培研究会编《蔡元培全集》,这是收集蔡元培论文、演说、报告、谈话、序跋、题联等各类文稿最多的全集,可是在这部全集里却无《选诗类抄跋》一文,故此文可补全集之遗。

《张约园自定年谱》跋

张约园名寿镛,字咏霓,号伯颂,别署约园,浙江宁波人,是我国现代著名的教育家和藏书家。

《张约园自定年谱》抄本一册,余在"文革"期间从故纸乱书堆中拣得,藏于天一阁。全书不编页次,正文二十一页,半页十行,行十六字,版心下刻"备万亭钞本"五字,用《约园藏书跋》稿纸抄录,为约园年谱仅见之本,是研究张寿镛先生的十分珍贵的文献资料。

约园生于清光绪二年(1876)五月二十九日。年谱记事至民国三十三年(1944),当时约园六十九岁,次年七月十五日病逝。去世前七日,光华大学师生前去祝寿,约园赋诗云:"河汉江淮半涉身,文章典籍过吾春。癫狂世界天生我,艰险工夫事在人。今后士林肩任重,宜探根本见闻真。老翁七十无他望,坐看专家奕奕神。"可说是约园一生的自我写照。

书中原夹有校签三张。其文云:"是年五卅惨案发生,先君适就任沪海道尹,为保障主权,与租界当局折冲,于地方治安及人民权利多所维持。光华大学亦因五卅案后,反对教会学校压迫学生爱国运动而创设。王省三先生捐助校地,先君任校长,卒能创办成功。"又云:"龙潭之役,南京岌岌可危,国民革命之命运犹如悬发。先君以江苏财政厅长地位,在南京危城中为国府竭力筹饷,以维持保卫南京之何总司令应钦部队,卒使大局转危为安,于国民革命前途实有莫大贡献。"又云:"八一三上海战事发生时,先君任抗敌后援会委员,与地方人士协力援助抗战将士。"观其内容,盖分别为五十岁、五十二岁、六十二岁各年作注,为防止失落,今粘贴于各条之上。询之张芝联先生，认定为其兄星联先生手迹。

1994 年 10 月 25 日骆兆平识

附记：

《张约园自定年谱》已刊于 1995 年 4 月中华书局版《约园著作选辑》。

重印《四明丛书》序

　　《四明丛书》是一部编集宁波乡邦文献的郡邑类丛书。宁波为浙东望郡，因境内有四明山，故泛称四明，宋元郡志题名《四明图经》或《四明志》，明洪武十四年（1381）始称宁波。乡贤遗著既是地方之文献，也是天下之文献。广陵书社再次重印《四明丛书》，对传播学术文化作出贡献，是一件值得赞扬的好事。

　　宁波地处东海之滨，全国海岸线的中部，枕山面海，气候宜人。早在七千年前，先民们就在这片土地上劳动生息，河姆渡遗址出土的杆栏式木构建筑、人工栽培稻谷和原始艺术品等遗存，足以证明这里是中华远古文明的发祥地之一。随着人口的增多，生产方式的进步，居民点逐渐从山地向海退后的平原推进。据地方志记载，春秋战国时，这里是越国的一部份，秦汉时设鄞、句章、鄮三县。汉末至五代十国，中国几经大乱，而浙东始终处于战祸动乱之外，获得长期社会安定、经济发展的机会。唐玄宗开元二十六年（738），始设明州，穆宗长庆元年（821），州治迁到余姚江、奉化江与甬江会流处三江口。这里水路交通便利，成为唐代以来对外贸易的重要口岸之一，从此经济文化快速发展。宋初的明州统有鄞、慈溪、奉化、象山、定海、昌国六县。南宋绍熙五年（1194）十一月，升州为府，称庆元府。元时改为庆元路。明清均称宁波府。而宁波人提到籍贯，常以四明代郡。

　　宁波为人才渊薮之区，学问家代不乏人。汉有任奕。魏晋南北朝，出现了以虞翻、虞喜、虞预等为代表的文化家族。唐初的虞世南被唐太宗李世民称为兼有五绝的出世之才。北宋庆历年间有王致、杨适、杜醇、楼郁、王说,他们教授乡里,从事教育和学术研究,人称庆历五先生。南宋建都杭州,宁波成了近畿之地,出现了文化繁荣局面。淳熙年间有杨简、沈焕、袁燮、舒璘,他们力主陆学,形成四明学派,人称淳熙四先生。宋末又有大儒王应麟,他一生著作三十余种,七百余卷。元有程端礼、程端学兄弟两醇儒。明代有王阳明的心学及姚江学派。清代有黄宗羲、万斯同、全祖望为代表的浙东学派。千数百年间,学者如林,其中有著作被收入《四明丛书》者,汉一人,晋三人,南朝陈一人,唐三人,宋二十四人,元八人,明四十一人,清四十三人,民国二人,共一百二十六人。若以籍贯分,鄞县最多,有八十八人,鄞为州治或府治所在地,人文荟萃。其次为慈溪十八人,余姚六人,镇海四人,定海三人,奉化三人,象山二人。此外,金陵、西域各一人,外籍人士之著述有裨四明掌故者,也在《四明丛书》甄录之列。

　　宁波人有汇刊群书保存文献的优良传统。宋咸淳间,古鄞山人左圭汇刻宋及宋以前人著述百种,成综合性丛书,名《百川学海》,其中有鄞县人高似孙、戴埴、郑清之三家著作,开创了乡后学刻乡先贤遗著之风。至清末民初,浙江各地编刊郡邑丛书已蔚然成风,而经济文化比较发达的宁波却相对滞后。郡人张美翊等虽有心及此,但终因募资未果而罢。宁波哲儒辈起,遗著不下数千百种,然而佚者过半,未刊者甚多,虽刊而稀见传本者亦不少。因此,选刊乡贤著作,便是一项抢救性保存地方文献,弘扬民族优秀文化,推动学术文化发展的具有深远历史意义的要事。于是,张寿镛先生毅然以编刊《四明丛书》为己任。

　　张寿镛先生是我国现代著名教育家、藏书家和出版家,字咏霓,号伯颂,别署约园,鄞县人,清光绪二年(1876)五月二十九日生,光绪二十九年(1903)举人。民国初,任上海货物税所所长,后任浙江、湖北、江苏、山东财政厅长。十四年(1925),任沪海道尹。十五年(1926)十一月,管理财政部总务厅。十六年(1927)九月,任财政部次长,二十年(1931)十二月辞职。此后即致力于办好光华大学和编刊《四明丛书》。三十四年(1945)七月十五日因病逝世,享年七十岁。

张寿镛先生自民国初年开始搜集四明文献,并陆续对乡贤遗著的存佚情况作了详细调查,所以,编刊《四明丛书》能做到博采约收。选录时,先品其人,后评其书,有学术价值而又流传未广者方为付刻。入编著作的底本,除张氏约园藏书外,还采自冯氏伏跗室、屠氏古娑罗馆、张氏恒斋、孙氏蜗寄庐、陈氏百岁堂、陆氏味腴堂、徐氏烟屿楼、张氏长春花馆、陈氏旧雨草堂、林氏藜照庐等故家所藏。大约清《四库全书》著录者占十之三,得于冯氏伏跗室者十之二,友朋与作者后人提供者十之一,约园自藏者十之四。如万斯同遗著,入编《石经考》、《宋季忠义录》、《儒林宗派》、《历代纪元汇考》、《石园文集》、《补历代史表》、《庙制图考》,共七种,其底本来源,有约园藏刻本和稿本,屠用锡藏王梓材增注本,陈月峰藏旧抄本,伏跗室藏稿本和宜兴吴氏藏万氏旧抄本。

《四明丛书》规模大,刻印时间也较长。全书八集,一百七十八种,一千一百七十七卷,始编于民国十九年(1930),至二十一年冬,第一集告成。二十三年(1934)秋,第二集书成。二十四年(1935)夏,第三集书成。二十五年(1936)春,第四集书成。二十六年(1937)秋,第五集书成。正当此集校印之时,抗日战争爆发。此后,张寿镛先生身处忧危,在狼烟烽火中,克服种种困难,仍校刻不辍。曾将已刻书版,分藏杭州弥陀寺、南浔嘉业堂,幸无损失。二十八年(1939)冬,第六集告成。二十九年(1940)秋,第七集书成。三十四年(1945)七月,第八集刻未及半,先生去世。后由其子星联、悦联、芝联等在公元1950年续成。并请冯贞群先生补写了第八集总序和后序。

　　《四明丛书》出版后,受到学术界的高度重视。其价值,窃以为除了入编文献本身的学术价值外,还在于编者通过辑佚、校勘、题跋等文献整理工作后所具有的版本价值。

　　历代典籍由于各种原因逐渐散亡,若原本不存,或无专集行世,而其文见于他书者,可从他书采辑。《四明丛书》收录辑佚本三十余种,其中张寿镛先生自辑本七种,即唐《虞秘监集》四卷,《贺秘监遗书》四卷(与冯贞群合辑),《孙拾遗文纂》一卷外纪一卷,宋《丰清敏公遗书》二册,《舒懒堂诗文存》四卷补遗一卷,《定川遗书》二卷附录四卷,明《陈忠贞公遗集》三卷附录一卷。例如《虞秘监集》的采辑,是以《全唐文》及《唐百家诗集》为蓝本,又采《溪上诗辑》、《蛟川诗系》、《蛟川耆旧诗》、《四明诗干》各书中之存者,然后整理成集。

　　《四明丛书》校勘精细,入编之书并非简单地照本翻印,在刻印前,编者对于现存的不同版本都作过认真细致的校勘。如《张苍水集》,用张苍水裔孙张世伦藏海滨遗老高允权本,参校永历黄氏藏本及顺德邓氏活字本。有的稿本,如《宋元学案补遗》,全书一百册,卷帙繁重,所采录之书民国时已经罕见,原稿字迹细小,分条剪裁,粘合处又欠牢固,为校勘工作带来不少困难,前后历时五年才校刊告竣。

　　《四明丛书》入编之书,除原著外,兼收后人对作者及作品的研究成果,包括年谱、校勘记、著作考等。如王应麟《四明文献集》,就附刻钱大昕、陈仅、张大昌分别所编王应麟年谱三种,这样就可让读者同时获取有关研究资料。张寿镛先生还为其中的一些著作写序跋,为丛书一至七集写总序和后序,叙述作者生平,作品流传,版本异同等内容。其序跋之多,也为同类丛书所罕见。第八集末,《容膝轩诗文集序》写于民国三十四年(1945)五月十一日,可知先生在去世前两个月病中仍著述不辍。

　　《四明丛书》用传统雕版印刷方法刊印,字体版式仿鲍氏《知不足斋丛书》，刻印精良，版藏南浔嘉业堂。1981 年，扬州古籍刻印社（广陵书社）借原版刷印，线装六百三十六册，其中补版约三十册，当时印数不多，早已售罄。今年，为满足读者需要，广陵书社拟缩拼影印，出版精装本。副社长曾学文先生来信约稿，于是，我不揣浅陋，执笔介绍四明文献与《四明丛书》，以为喤引。

骆兆平于天一阁

2005 年 8 月 12 日

《别宥斋藏书题跋》拾遗记

别宥斋主人朱赞卿先生是现代宁波著名藏书家和文物收藏家，藏书之富甲于浙东。先生名鼎煦，字赞卿，别署香句、别宥、鄞卿，民国时期做律师，新中国成立后，于1953年5月始任浙江省文史研究馆馆员，一生为收集、保存、研究民族文化遗产作出重大贡献。

然而在"文革"初期，朱赞卿先生遭到残酷迫害，古书文物被当作"四旧"而"横扫"，著作文稿也因而散佚。当我从农村工作队回城，别宥斋大批古籍已从原址搬到市工商联会议大厅"展批"。现场见到不少散页碎纸，我随手拾起，其中有先生草撰的藏书题记，便多次寻觅，匆匆抄录，存于箧笥。此后虽仍留意抄集，但所得未刊者不多。

别宥斋藏书题记是别宥斋藏书文化的组成部分，时隔四十多年，想来原稿多已不存，旧抄遗文，若再度散失，恐无传本，故整理标点，先行付印。校订补辑，待望后贤。

所录别宥斋藏书题记十八篇，题识之书有：张伯岸《历代帝王纪元表》，明本《赣榆县志》，嘉靖《山东通志》，嘉靖《茶陵州志》，万历《通州志》，清《萧山校士录》，秦毓《读庄穷年录》，王应麟《困学纪闻》，黄宗羲《明夷待访录》、《南雷文约》，影宋抄本《太平御览》，明本《白氏长庆集》，阮大铖《和箫集》，马廉《明文案目录》，陈汝元《金莲记》；又无题三篇。文中除具体记载相关书籍的内容、版本、入藏经过外，还述及抗日战争时，朱氏萧山所藏毁于日军战火、鄞城所藏迁入山中保护的艰苦历程。述及解放初，别宥斋书

楼易址,新址屋如小舟,不得已而变卖书籍的情形。同时记述郑氏
二老阁、黄氏五桂楼刻书,范氏天一阁、沈氏抱经楼、费氏小沧桑
馆、倪氏春墅藏书流出,以及作者与姚镜西、马隅卿、张伯岸、杨容
士等藏书家交往的轶事,是研究别宥斋与浙东藏书文化的珍贵
史料。

　　题记原文已刊《天一阁文丛》第十辑,2012 年 12 月浙江古籍
出版社出版。

《伏跗室藏书目录》读后

《伏跗室藏书目录》一册，天一阁博物馆古籍编目组编，2003年12月宁波出版社出版。卷首毛翼虎序，卷末冯氏家属《怀念先祖冯孟颛先生》文及编者后记。全书简要著录现代著名藏书家冯贞群（孟颛）先生捐赠的伏跗室十多万卷古籍，为读者查阅伏跗室藏书提供了方便。

在伏跗室藏书史上有过三次编目，在各个时期起过不同的作用。先是二十世纪三十年代，冯贞群先生亲编《伏跗室书目》，记载了伏跗室藏书鼎盛时期的收藏，为古籍文献的系统整理奠定基础。二是二十世纪八十年代，伏跗室藏书调省回归后，我所草编《伏跗室赠书目录》，对冯目未收的赠书作了补遗，反映了所赠藏书在经历"文革"变故后的情况。三即新世纪所编《伏跗室藏书目录》，它是伏跗室第一部公开出版的书目，从而扩大了伏跗室的社会知名度。

书目是文献资源的信息库，也是检索文献资料的工具书。因而要求编者对入编之书作正确著录、科学分类和系统编排。对照上述要求，就可发现伏跗室藏书编目工作尚有部分待完善之处。冯编《伏跗室书目》著录详备，并较早采用古籍五部分类法，在伏跗室藏书编目中具有原创性，可是除集部别集类经重整编排外，其他类属中各书条目前后序次多未排好。我所编《伏跗室赠书目录》保留了伏跗室藏书两个时段的历史信息，只是初稿未经复校，著录与编排上存在的问题未及订正。新编《伏跗室藏书目录》具有实用性，但因限于时日，匆匆定稿，其中的失误也不少。

　　记得 2002 年初，天一阁博物馆向冯贞群先生家属承诺，要在年内出版伏跗室书目。当时，我正在主持别一课题，无暇对旧编《伏跗室赠书目录》作复校定稿，无意草率付梓。所以才另编简目，这就是新编《伏跗室藏书目录》的缘由。近来初读这部印本书目，发现一些相关问题：

　　其一是著录书名、著者、版本时失误或排印错误较多，如《画梅心语》误为《画梅心馆》，严元照误为严亢照，秦镤订正误为秦镤撰，临何焯批校误为何焯批校，1954 年伏跗室抄本误为民国伏跗室抄本等等。

　　其二是同类属书的条目没有严格按一定规则依次排好顺序，著者时代前后颠倒，如诏令奏议类中（唐）陆贽排在（清）李鸿章之后，别集类中（南宋末）王应麟排在（南宋初）岳飞之前，（明末）周容排在（明初）方孝孺之前等。又将同一种书的复本既入甲类又入乙类，或前后脱离，中间插入其他书的条目，因而产生重出现象。

　　其三，关于古籍分类，凡例及编者后记均称仿《中国古籍善本书目》，即把古籍分为经、史、子、集、丛五部，但在目次及正文里却把丛书部改称丛书类，也就是把一级的"部"降为二级的"类"。再如，把集部别集类下之属上升为类，与总集类、诗文评类并列，都是混淆图书分类法所称上位类与下位类的关系。此外，在综合性丛书与专科性丛书之间，专科性丛书与经、史、子、集各部总类之间，也存在界定不清的问题。

　　古籍编目是十分细致的工作，著录、分类、编排中的问题难以避免，如果不校对原藏书，大多很难发现。初读《伏跗室藏书目录》，偶记刊误和误排数十例，已另行提供给编者在本书再版时采择。

四、读碑浅识

天一阁与《宸奎阁碑》

　　宁波城东数十里外,有古刹阿育王寺,寺内有唐《阿育王寺常住田碑》、宋《宸奎阁碑》、《妙喜泉铭》等名碑。其中由北宋大文学家、书法家苏轼撰文并书写的《宸奎阁碑》能留迹于今,实与天一阁主人范钦出阁藏旧本以供重刻,有着密切关系。

　　《宸奎阁碑》记述怀琏自庐山应诏至乞归山林,建造宸奎阁的经过。宋仁宗皇祐年间,诏庐山僧怀琏至京师,请他讲佛法大意,赐号大觉禅师。"琏独指其妙与孔老合者,其言文而真,其行峻而通,故一时士大夫喜从之游。遇休沐日,琏未盥漱,而户外之履满矣。"仁宗亲书颂诗十七篇以赐之。至和中,琏上书,乞归老山中,上不许。英宗即位,琏再次乞归,始许自便。治平三年(1066)怀琏"归老于四明(今宁波)之阿育王山广利禅寺。四明之人相与出力建大阁,藏所赐颂诗,榜之曰宸奎"。怀琏与苏轼有深交,"其徒使来告曰:宸奎阁未有铭,君逮事昭陵而与吾师游最旧,其可以辞"。于是苏轼便撰写了碑铭,对怀琏的人品和学识作了很高评价。

　　苏轼写《宸奎阁碑》时在杭州任,文末署"元祐六年正月癸亥,龙图阁学士、左朝奉郎、知杭州军州事兼管内劝农使、充两浙西路兵马钤辖兼提举本路兵马巡检公事、武功县开国子、食邑六百户、轻车都尉、赐紫金鱼袋臣苏轼撰并书"。我读明刻《东坡先生全集》七十五卷本,见卷十七有宸奎阁碑文,而文末却无上述落款。只此一点,已可说明碑石及碑拓本的史料价值。

　　《宸奎阁碑》宋代刻石早已失传,其形制,我们可以从苏轼《与大觉禅师琏公书》信中窥见一般。苏书云:"要作宸奎阁碑,谨以撰成,衰朽废学,不知堪上石否。……首如唐以前制度,刻寺额十五字,仍刻二龙夹之。碑身上更不写题目,自古制如此,最后方写年月撰衔姓名,更不用著立石人及在任人名衔,此乃近世俗气,极不典也,下为龟趺承之。请令知事僧依此。"这封信收录在明代郭子章、释曣筌编《阿育王山志》中,读了使人明白碑石上为什么不写题目,不著立石人姓名的缘由。至于碑石失传原因,山志无记载,有人以为失于党禁时,因为苏轼写的碑刻,遭宋代党禁之祸毁损甚多。也有人以为失于南宋时,或因元代元统二年(1334)有过一次重刻,才作如此推测。

后来,元代重刻的《宸奎阁碑》又失,这一次传说是碑与阁同毁于火。因此明代万历年间,宁波知府蔡贵易从天一阁主人范钦处借得"旧拓本",命林芝双钩入石。这里所说的"旧拓本",阮元《两浙金石志》说"或为宋拓",而范懋敏《天一阁碑目》著录为元元统二年重刻后的拓本。可惜这张"旧拓本"后来也遗失了。如今,万历十三年(1585)重刻的碑石仍保存在阿育王寺,拓本流传较多,天一阁也新入藏了整张全拓本。

《宸奎阁碑》高二百五十厘米,宽一百二十四厘米,大字十七行,满行四十二字,是苏轼楷书代表作之一。其中碑铭十五行五百三十二字,落款二行七十五字,共计六百零七字。旁刻蔡贵易跋,云:"四明阿育王寺故有宸奎阁,不知毁自何年。寺西折数十武即妙喜泉,相传沉碑在焉。余抵四明,命僧索之水中,乃得唐范的书常住田碑一通,其阴则有宋张无垢撰妙喜泉铭,数百年旧迹一旦轩露,良亦有数哉。后从范东明司马谈及苏长公阁记,司马家藏有长公旧刻,余为欣然,命林生芝双钩入石,以补阿育王阙典。长公书流播甚多,独此笔法遒劲,存欧颜风,故愿与海内操觚者共宝焉。万历乙酉冬孟郡守温陵蔡贵易识。"跋文行书,小字三行。

蔡贵易字道生,同安人,隆庆二年(1568)进士。万历十年

（1582）守宁波，次年大水，坏江上浮桥，溺死者无算。他作文痛悼，并更新浮桥，俾极坚好，舣舟二十余艘，铁缆联络，屹然中流。他在宁波五年，又清理道路，规范市利。民颂其善政，于江之浒建平政祠，立像其内，岁祀纪念。

《宸奎阁碑》的重刻，是蔡贵易的善举之一，也是天一阁藏本"古为今用"的先例之一。

梅墟访碑记

我们在整理天一阁新藏碑帖时,从鄞县通志馆移赠的拓片中,见到一张由天一阁主人范钦撰文的《重修梅墟江塘记》。因为这篇文字是范钦《天一阁集》未收的一篇遗文,所以立即引起大家的关注。

此碑拓片为整张全幅,高一百八十二厘米,宽八十厘米,额三行,题"重修石塘碑记"六大字,正文称"重修梅墟江塘记",额与正文均为楷书,虽有剥落处,但细辨之,除个别字迹模糊不清外,尚能卒读。正文十五行,落款五行,行四十五字,正文五百四十一字,落款六十二字。碑文记述明万历九年(1581)重修宁波府鄞县梅墟江塘事。

宁波郡城即鄞县县城,地处海滨,海水由甬江西趋至郡城。甬江南北两岸皆筑塘,以御咸蓄淡。梅墟介南塘之中段,距海口只二十里,潮汐上下,两抵其冲,遇大风潮,怒涛啸涌,塘易倾坏。所以塘之安危,关系到鄞东数乡之田舍。

梅墟江塘二百八十余丈,在明朝天顺、成化年间已改土塘为石塘。至万历九年(1581),经历一百多年"岁久而圮",于是乡人募集资金重加修筑。范钦为此次重修作记,留下了一篇宁波地方水利史重要文献。此后,又过了一百四五十年"塘复倾圮",在清朝乾隆二年至七年(1737—1742)又一次重修,那时范钦撰文的碑记可能已经不见了,所以才重刻上石。现存的拓片就是重刻后的拓本,故文末加刻了"大清乾隆七年岁次壬戌菊月望日后学张圣宗陈德懋钱□□(以下字迹不清)重镌"一行,题名为小字双行。

这张碑帖拓本最早见载于民国二十五年（1936）九月编印的《鄞县文献展览会出品目录》中，其捶拓时间，当在民国二十二年（1933）设立鄞县通志馆后至民国二十五年（1936）间，距今已有七十年了。当我们知道拓片的价值后，便自然会想到碑石的命运。这块碑石，据《鄞县文献展览会出品目录》记载是在"梅墟东岳宫"，但据《鄞县通志》记载是在"梅墟塘头庵"。于是在2003年11月19日下午偕同事章国庆、洪可尧、王宏星诸君乘小车去梅墟访碑。

那天天气阴雨，大家先沿江岸察看，见此处江面较阔，江中船只穿梭而过，江水拍岸，寒气袭人，江对岸即宁波大学校舍。大家只在岸边靠墙处找到一块民国七年（1918）修筑江塘石栏时的题名碑，此外一无所获。后经村中老者指点，于离江岸不远处找到了塘头庵遗址。这里现在是宁波机械工具厂的车间，工人多来自外地，都说未见"刻有文字的石头"。现存的一间小屋内，地上尚平铺着一块很大的荷花石板，残留下塘头庵的历史信息。

最后，经分头寻找，在"梅江小隐"巧遇此碑的见证人陈邦杰先生。他曾在1975年2月向有关部门反映过碑石的下落。后因有关部门未及时采取保护措施，过了一年，此碑被无知者敲破当作筑墙基的石料，从此消失在天壤间。

梅墟归来，伤感之余，视拓本为孤珍，即请技师把拓片破损处修补好。碑文与光绪《鄞县志》卷六收录的此文文字互校，发现光绪《鄞县志》不仅不记落款，而且正文也删去一百余字。所录文字亦有多处错误，如"畚筑"误"畚锸"，"最艰"误"最险"，"尸而祝之"误"举尸而祝之"，"所收"误"所入"等等。因而重录全文，并加标点如下：

重修梅墟江塘记

环鄞东三十里而遥有墟焉，汉南昌尉梅福所栖迟也，因名梅墟。江阔滩横，急流奔涌，万顷田无籽粒，庐舍皆为鱼游，又名曰茅洋。天顺间,先正方伯钱公琏捐资倡议,塘亦稍稍就绪焉。岁久而圮,圮则溃决坎陷,其在今也为尤棘。维时万历九年,宪副冯公时雨、大尹杨公芳得、庠生钱子江——方伯公之后裔也,偕戚子楠、陈时政,知兹塘为利甚溥也;而否者,则其害亦也相当也。期获任事者而难其人,则有若邑簿孙公春芳,廉洁士也,盖亦有干力胆智焉,乃下令申毖之。孙公慈恣腆笃,其于抚字天性也,矧关民生利病,若兹塘者乎。乃度土鸠工而叹曰:"惟海宪,惟邑候,所以付任予者,庶其在此。予不能事,其何以奏乃厥功,承乃宠命。"于是乎称畚筑,程土物,略基址,量日命工,不衍于素,凡阅月而告成焉,其功最钜亦最艰。嗟乎,秦凿泾渠,关中沃野;漳水既决,安邑称饶。虽利有大小,其于惠民一也。孙公德泽,其在人心乎!凡此三县七乡,相与尸而祝之,社而稷之。公今去矣,歌咏不忘,佥曰:"犹望孙公也,庶抚我乎!公功卓哉,其可歌也已。"不宁惟是,恪共守正则贤,明决庶狱则贤,练达事务则贤,平易近民则贤,理繁治剧则贤,而又仁心自然,不为矫激,清白之操,淬励不易,所谓古之循良者非也。区区兴一利,泽一方,曾不足为公重,而且公与余有旧好也,习知其为人,因述其颠末,书于石,庶永永有垂来世。继轨贤尹周公基,绳引不替,克绥东土。塘之上结茅为庵,命庵僧圆琮恪共其事,仍拔闲旷涂荡三亩,令其开垦成熟,将所收花利,赡其时常补修之费,永垂不朽云尔。遂附其名于此。

大明龙飞万历乙酉岁孟冬吉旦,赐进士出身嘉议大夫兵部侍郎东明范钦撰,赐进士出身翰林院编修楚亭杨德政校,赐进士出身翰林院检讨韦吾董樾书。

杭州岳庙碑刻旧本记

清防阁藏杭州岳庙碑刻拓本二十三张,这是清防阁现存一千一百余种碑帖中,唯一记载入藏时间、数量、购得地点及价格的丛拓本。清防阁创始人杨臣勋先生在封套上题记称:"内杭州西湖上岳庙石刻,按此石嵌在大殿壁上。余于辛卯科赴试,初至其地,见有人来拓,心焉爱之,爰出洋四角,以购此二十三张之帖也。"辛卯为清光绪十七年(1891),距今已一百十五年了。

我在数年前编《清防阁赠碑帖目录》时,就想查明这二十三种旧本在百年之后原石的存佚情况,但一直未能如愿。2005年12月,当我出席《浙江省古籍善本联合目录》专家咨询会后,终于利用回程前的半天时间,偕浙江图书馆丁红同志冒雨去岳庙访碑。幸承岳飞墓庙文物保管所丁亚政同志惠赠他们的新著《岳飞墓庙碑刻》一书,为清防阁旧本的查对提供了极大的便利。

清防阁藏岳庙碑刻拓本可分为四类:一、岳飞题辞、书札;二、宋高宗敕书;三、明清题咏;四、杂记。

岳飞题辞、书札共四种。岳飞题辞:"文章华国,诗礼传家。"原石今已不存,据光绪九年(1883)嵇恕跋称,此石为"携李御儿乡谭逢仕孝廉构新居,匠人得碑于土中",后置西湖祠中,以垂不朽。题辞行书大字四行,署"岳飞题"一行。跋文楷书四行,署"光绪癸未九秋泉唐嵇恕谨识"一行。岳飞书札三种,嘉道间刻石。其中《致某奉使郎中札》原石存。《致某观文相公札》道光四年(1824)原石不存,1979年据拓片复刻。《致某通判学士札》道光三年(1823)原石断缺,1979年补残。

宋高宗敕书六种刻石七种,除绍兴六年(1136)敕书外,其余几种均不署年或月。今绍兴六年敕书《起复诏》嘉庆元年(1796)原石不存,1979年据拓片复刻。某年七月十二日敕书《令赴行在诏》有二种刻石,即嘉庆二年(1797)金荃跋本和嘉庆九年(1804)陈泓跋本,金跋本原石尚存,陈跋本原石已佚,亦无复刻。《趣进兵招捕诏》嘉庆九年原石存。《援淮西诏》嘉庆二年原石已断缺,1979年据拓片复刻补缺。《行边一诏》嘉庆四年原石仅存一小段,前面的三分之二段于1979年据拓片补刻。《进兵江州诏》原石已佚,亦无复刻。

明清时期题咏共十种。其中原石尚存的有天启三年(1623)吴伯与《拜岳武穆墓》诗,乾隆四十九年(1784)皇十一子永瑆《题岳鄂王墓》诗,金阶《悼岳鄂王一首》,李光先题诗。原石断裂修复的有乾隆五年(1740)沈芳《大宋岳武穆王墓》诗,嘉庆元年秦瀛题诗。原石已佚,亦无复刻的有乾隆二年(1737)嵇曾筠、胡瀛《谒宋岳武穆王墓》诗,嘉庆元年(1796)翁方纲、嘉庆三年(1798)谢启昆《题绍兴六年墨敕后》诗,陈漠《怀继忠候》和《责秦桧》诗。

杂记两种。《鄂王遗印》碑,印文下方刻嘉庆二十二年(1817)段骧撰《宋岳忠武王遗印记》,原石尚存。《岳氏铜爵记》碑,嘉庆二年(1897)秦瀛撰,原石已佚,亦无复刻。

杭州岳飞墓和岳庙在西子湖畔栖霞岭南麓。岳庙始建于南宋,八百多年间屡毁屡兴。1961年3月,国务院公布岳飞墓(庙)为全国重点文物保护单位。1966年秋,"文化大革命"开始后,岳飞墓遭破坏,庙宇建筑被挪作他用,部分碑石被损坏。"文革"后,1978年至1979年,按原样修复了岳飞墓及岳王庙门楼、忠烈祠、碑廊等。岳庙碑刻今陈列在南北两碑廊内。

经核对,清防阁藏岳庙碑帖二十三种之中,今原石尚存者九种,原石断残者五种,原石不存者九种。可知沧桑百年原石佚损者过半,此旧拓本所具有的史料价值与文物价值显而易见。尤其是原石已佚又未经复刻的七种，可补岳庙文献之不足。因限于篇幅，现仅举其中两种为例。

一、敕书《进兵江州诏》，行书九行，文云："据探报，虏人自寿春府遣兵渡淮，已在庐州界上。张俊、刘锜等见合力措置掩杀。卿可星夜前来江州，乘机照应，出其前后，使贼腹背受敌，不能枝梧。投机之会正在今日，以卿忠勇，志吞此贼，当即就道。付此亲札，卿宜体悉。付飞。"下有御押。

跋文隶书八行，云："此敕石，本明苏城沈润卿鉏圃得之，拓以赠石田翁者，其时石田、匏庵、枝山、衡山诸君皆有题拔（跋），今旧石不知所在。丁巳夏日，金比部鄂岩自桐乡来，出此见示，因重抚上石，归之王庙，以为掌故云。钱塘陈希濂敬识。"

二、谢启昆《题绍兴六年墨敕后》诗，楷书十五行，诗云："三字狱沉大理寺，不记诏书手亲赐。和戎议成长脚翁，斡蛊词愧光尧帝。帝因多难激臣心，锦文御押墨痕深。奉讳言归不得请，京西宣抚衰经临。武昌调军御兀术，绍兴六年夏四月。史书起复日丙午，敕乃五月乙未日。庐阜陈情辞再三，反经行权义所谙。忍看蛟龙失汗水，宁容虎豹卧江潭。红罗树帜敌胆寒，军令不撼坚如山。痛饮黄龙誓诸将，要奉二圣銮舆还。尽孝于忠古所稀，报国不恤蹈危机。两河父老望旌旗，背嵬军散痛哭归。十年之功一旦弃，何如当日许终制。更番诏纸谁所颁，十二金牌谁所致。规复中原卿素志，岂有逗留淮西事。蟫蠹不蚀精忠心，六百余载珠藏笥。墨林秘玩药州镌，此札更在五年前。玉轴已同铜爵宝，遗文可补金佗编。摹之庙壁且深刻，簿录左藏迹未灭。岁暮片纸千秋疑，罪案空归俊与嵩。"原注："陈望之中丞曾刻项子京所藏宋高宗绍兴十一年御札，与此不同。"

跋文三行，云："杭州岳祠藏宋高宗绍兴六年手敕，洵真迹也。《金佗粹编》失载。嘉庆三年春，修葺祠宇，既讫工，乃以石刻置壁间，并题其后。南康谢启昆。"

泰山诗文石刻丛拓一瞥

泰山位于山东省中部,古称岱宗,"泰岱元为五岳尊,汶流映带浪涛奔"。主峰在泰安市,海拔一千五百四十五米,山体高大,峰峦叠起,雄奇峻秀,气势磅礴。两千年来,泰山一直是帝王朝拜的对象,更有文人雅士纷纷来此游历,作诗记文,故山上名胜古迹,摩崖碑碣甚多。人文杰作与自然景观完美和谐地融合在一起。

泰山摩崖碑碣刻石有二千多处。在远离泰山的地方,收藏家要获得全部碑碣拓片,几乎是不可能的。宁波清防阁所藏泰山诗文石刻拓片,虽然只有泰山刻石中的一小部分,然而却是颇具特色的一部分。

清防阁有泰山诗文石刻拓片七十五张,除了清康熙三十五年(1696)南陵金古良撰《游岱记》一文外,均为历代文人的题诗。其中有纪年的四十三张,均为明朝人所作,自景泰元年(1450)至嘉靖三十五年(1556),依次为安成吴节《泰山十四咏》,广信徐仲麟《登泰山诗》,宜兴张盛《登泰山十首》,吴陵张文《题泰山》,南京杨□《登泰山绝顶》,黄岩王弼《登泰山》,赵鹤□《登泰山》,天台卢浚《游灵岩寺》、锡山蔡享等《泰山中秋联句》,云间潘鉴《登泰山诗》,浮梁戴珊《登泰山》,慈溪周津《登泰山八首》,黄岩王从鼎《登泰山三首》,太原周纮《登岱岳一首》,无锡缪觐志《登泰山五言一首七言二首》,东吴刘良辅《登泰山大顶》,零陵胡节《次泰安望东岳》,恒山张璿《五松》、《登泰山》,莆田石峰《登岳漫题》,琴川朱寅《登泰山诗》,具区赵鹤《登泰山漫志十首》,嘉兴戴经《泰山八景》,督亢孙纪《登岳步边华泉先生韵》,王讴《登泰山五言二首绝句一首》，庐陵静垒居士《登岳庙诗》，朱节《登东岱》，潘埙影《泰麓》，胡伸《登泰山三首》，刘淑湘《登山诗》，汲郡张衍庆《登泰山诗》，廖同《陟岱纪事》，天台山人陈子直《登岱宗二首》，庐陵胡经《登泰山》（五言）、《登泰山》（七言），应元书《岱宗》，闽人郑威《登泰山一韵二首》，崧少山人张鲲《登山杂诗》，邵□□《登泰山四□》，伊藩建阳子《奉命祀岳览胜诗》，唐谷乔瑞、□川刘煮《登岱岳》，浙东古婺吴九□《登泰山二首》，大梁曹金漫书《游竹林寺》。此外，无纪年的三十一张，即虎林吴大山《登岱二首》，公安邹文盛《泰山》，番禺郭棐《登岱八首和李于田宪使韵》，会稽章忱书《登泰山》，昆山柴奇《登泰山》，海宁孙璋《登泰山》，松陵陆田、周相《登泰山》，云间王霁《登泰山》，徐文通《陪侍御段公登岱一首》、《岱宗八首》，昆山柴奇《题竹林诗》，海虞吴堂《游竹林寺》，佚名《登岱篇》，施其信、施德裕等《登泰山唱和诗》，垣曲普晖《登泰山》、《泰山书院》，德清吴江《登泰山》，江阴张念书《谒元君殿》，河东张岫《登泰山诗》，竹坡徐冠《登泰山三首》，陈仲录《泰山吟五首》，张鲲《泰山顶上作诗》，柳庵章寓之《登山诗》，白岩山人《登泰山二首》，云间张衍《王侍御同游灵岩寺》，濮阳李先芳、东郡王懋儒《登泰岳》，明长安马经书《登岳》，黄恕《次金宪徐大人泰山韵》，太原陈壁《谒岱宗祠》，方元焕、王子卿《登岱联句》，又有后人篆书晋陆机、南朝宋谢灵运的《泰山吟》。

诗的前后往往刻有序跋，我每读其诗文，颇有重游泰山身历其境之感。如成化十二年（1476）东藩参议张盛作泰山诗十一首，从初登、重登、写到回马峰、大夫松、十八盘、磨崖铭、封禅坛、秦碑、日观峰、直至下山。其《初登泰山》诗云："岱宗仰望郁嵯峨，万壑千岩气象多。雨过春光横翠黛，烟迷晚色露青螺。秦王封禅碑还在，汉武祈灵事不磨。今日我来登眺处，苍天咫尺手堪摩。"正如任武题跋所说："读之如行云流水，不事雕琢，皆出于自然。"

泰山旧有八景之称，"一曰泰岳朝云，二曰徂徕夕照，三曰汶河古渡,四曰明堂故址,五曰龟阴秋稼,六曰龙洞甘霖,七曰秦松挺秀,八曰汉柏凌寒"。明弘治九年(1496)钦差巡按山东监察御史慈溪周津,正德十四年(1519)泰安州知州嘉兴戴经,二人均有题诗。如周津《泰岳朝云》诗云:"根盘齐鲁巅摩空,晨光长是云遮封。我欲招云化为雨,普天膏泽三春农。"《龟阴秋稼》诗云:"山形龟似天雄巧,禾泰山阴种偏早。秋风一片熟黄云,家家尽道丰年好。"又如戴经《秦松挺秀》诗:"野鹤孤云自往还,空名千载信朝班。奋髯特立云宵远,偃盖长留岁月间。泰岳讬根真峻地,嬴秦承命却惭颜。四时秀色何曾改,桃李春风未许攀。"

《游岱记》也是不可多得的泰山历史文献,它为我们留存了三百年前有关泰山地貌、文物古迹、风俗人情等历史信息。其时"过岱宗坊里许,有飞栋翼然于右者曰玉皇阁,有白鹤泉,今填□,无可踪迹"。经石峪又称石经峪,"石经峪皆梵书,岁久多为水齧"。碧霞宫礼元君,"每岁自春王至夏四月,届秋又自八月迄冬十一月,奔走东西南北之人,叟稚男女日以千计,虽风霾雨雪无间者,不知几何岁月矣"。

1987年12月,泰山作为世界自然与文化遗产,被列入《世界遗产目录》。上述泰山诗文石刻丛拓旧本的价值,也就不言而喻了。

《金刚经》摩崖拓本述略

　　天一阁有泰山经石峪《金刚经》旧拓本三套，由于体量特大，长期来存放在库房一角的大橱内，直至二十世纪九十年代，谢典勋先生编《天一阁新增碑帖目录》，才作了初步整理。

　　《金刚经》全称《金刚般若波罗蜜经》，是佛教的重要经文之一，全文约五千余字。泰山摩崖原刻"二千七百九十九字"，[1]有的字仅镌出双勾，尚未全剜，并未刻完。经石峪位于泰山中路右侧，在二千多平方米一斜面大片石坪上刻佛经，又称石经峪。对于书写者和刻石时间，历来众说不一，从隶楷相参的书体看，多认为书者是六朝人。北齐时僧人安道一，读经书，善书法，可能由他所写。清代学者阮元《山左金石记》以为作于北齐天保年间，则距今已有一千四百五十多年。

　　经石峪《金刚经》刻石，每字径约五十厘米，书法质朴而平厚，是我国字体最大，字数最多的摩崖刻石，有"大字鼻祖，榜书之宗"的美誉。传世最早的拓本，据记载有明拓孤本，"存湖南邵阳松坡图书馆，是海内第一善本"。[2] 天一阁所藏拓片为一字一页，字数最多一套存九百四十八页，复两套，分别存九百四十页和九百三十一页，另有散字五十五页。从拓印纸张墨色辨识，系捶拓于清末民

---

① 郗广平、宋宏燕《泰山国宝经石峪如何保护》，2004 年 8 月 27 日《中国文物报》。

② 欧阳中石、张荣、启名《中国名碑珍帖习赏》，1989 年 8 月陕西未来出版社版。

初时期。

　　千年刻石,长期遭受风雨剥蚀,山洪冲击,拓印无度,游人踩踏等自然和人为破坏,文字多已磨灭。民国七年(1918),上海震亚图书局缩印出版清末《泰山经石峪六朝刻金刚经残字图》,据图上逐行逐字记录,只有"九百零一字"。2004年8月27日《中国文物报》报道,最近当地文物工作者对泰山文物进行普查,"现仅存经文一千零二十字(包括可以读的残字和双勾字),其中可辨字一百八十八个,双勾字二十五个,实际完好的字只有八百零七个。原刻四十四行,其中三十三、三十七、四十二行全部磨灭,第四十四行至今尚存一残缺的'世'字。现仅存经文四十一行"。①

　　天一阁所藏经石峪《金刚经》拓片中没有残字和双勾字。如果排除相同文字有复拓填补之嫌,则拓片九百四十八字,较现存刻石完好八百零七字,多出一百四十一字,弥足珍贵。

　　①　郗广平、宋宏燕《泰山国宝经石峪如何保护》,2004年8月27日《中国文物报》。

关于《三长物斋金石丛珍》

　　天一阁新藏《三长物斋金石丛珍》拓本一册，为杨氏清防阁所赠。杨氏得之于鄞县张氏二铭书屋。封面签题"三长物斋金石丛珍，丙寅五月鱼门赠"，旁钤"岱年"朱文长方印。知为同治五年（1866）二铭书屋主人张岱年亲题，此本早年为同县陈鱼门旧藏。

　　三长物斋主人黄本骥字虎痴，湖南长沙宁乡人，曾任湖南沅州府黔阳县教谕，著有《三长物斋诗略》、《三长物斋文略》、《痴学》、《嵊山甜雪》等，在道光二十五年至二十七年（1845—1847），编辑校刊《三长物斋丛书》。黄本骥《三长物斋记》中说："三长物何物也，余不能书而嗜古人之书，集秦汉以来金石文字数百种，为长物一；尝学琴于湖州沈山人，不耐竟学而止蓄琴及支琴砖各一，为长物二；囊无一钱而有周秦刀布数十品，人以为废铜，匣而藏之若拱璧，为长物三。"王金策《三长物斋文略序》称："虎痴精考据，家藏金石文字数百种，多前人所未有。"因所藏多为整张拓片，每一展阅，收折甚劳，故择其佳而难致者，装成数十册。又于道光七年（1827），请家馆胡万本先生将零星小件合装成一册，题曰丛珍。

　　《三长物斋金石丛珍》原有金三种，石二十三种，即唐宝室寺铜钟文、景龙观铜钟文、宋星罗寺铁钟文，汉残碑三则，武始公石阙记石经论语残字二则，魏十八字残碑，晋玉版十三行，北魏元宁造像记，尼慧畅造象记，李洪演造像记，北齐孟阿妃造像记，隋唐高祖造像记，唐薛仁贵造像记，龙城柳石刻，遗教经残字，张开疆造像记，西明寺残经幢，李万通造像记，宋"三生石"三字，寄岳云帖，秦少游词，"诗境"二字，元巑巑与王由羲书，童童古槐诗。每页背面右上角朱笔编号，从一号至三十五号，共三十五页。今校其内容，其中实缺晋玉版十三行，北齐孟阿妃造像记，唐龙城柳石刻，遗教经残字，西明寺残经幢五种。盖朱笔编号为后人所书，编号时已非足本。

《丛珍》空白处有题识十通，笔迹相同，均未署岁月与撰人姓名。初见不知为何人所识，后读其文字，文下均钤有陈鱼门印章，如"鱼门"朱文长方印，"政钥"白文方印，"政"、"钥"白朱二小方印，"毋自欺斋"朱文方印。又见秦少游《踏莎行》词后刻有胡嵩林（万本）释文，其旁墨笔题识云："原刻多不可识，得松（嵩）林释之，一览了然已。"据此当可认定题者非胡嵩林而为陈鱼门。

陈鱼门名政钥，鄞县人，道光二十九年（1849）拔贡，授内阁中书。《鄞县通志》载："当太平军之役，陈政钥以士绅而主府局。两浙既定，文武将吏，荐绅耆旧，姻戚宾从，四方游士，洎豪商大贾，外国酋长，日至其门，延纳无暇晷，高谈纵论，穷夜不倦。累擢知府加三品衔，卒年六十二。"以其人负一方之令闻，故《鄞县通志》入传于方闻类。而其文未见编集，此题识为笔者所仅见。

宁波城湖形胜石刻图考

宁波城内有日湖和月湖，简称双湖。日湖俗称细湖，月湖又称西湖，二湖之水相通，其形成之初，无文献可稽。早在北宋元祐九年（1094），舒亶已经在《西湖记》中说："是湖本末，图志所不载，其经始之人与岁月，皆莫得而考。"此时日湖久废，所以他在《西湖引水记》中又说："按州图经，鄞县南二里有小湖，唐贞观中，令王君照修也，盖今俗里所谓细湖头者，乃其故处焉。湖废尚久矣，独其西隅尚存，今所谓西湖是矣。"鄞县县城，即明州州治所在地，因城区濒海枕江，水难蓄而善泄，稍不雨，居民至饮江水，"是湖之作，所以南引它山之水，蓄以备旱岁"。① 据南宋淳祐二年（1242）魏岘《四明它山水利备览》所载，那时城中已有居民十万户。双湖淡水与人民生活、生产有密切关系，所以历代治鄞者都重视疏浚双湖的工程。

查现存宁波的地方志，自南宋乾道《四明图经》以来，历代志书对日月二湖均有记载。宋代王亘《谢太守刘吏部示西湖图用丰侍郎韵》诗云："四明太守爱西湖，想像桃源旧日图。不放尘埃生水面，为传风月到皇都。花开别屿千机锦，稻熟邻田万斛珠。闻说儿童骑竹马，至今昂首望通衢。"可知除文字记录外，还有"湖图"之类的形象资料，只是年代久远，多已失传。清全祖望说："刘户部所作图，已无存者。"②

---

① 舒亶《西湖记》。
② 全祖望《鄞西湖十洲志》。

　　近来,我们在编校《清防阁赠碑帖目录》时,发现了一张前所未见的石刻宁波《城湖形胜图》拓片。此图在地方志中不见著录,上部刻"城湖形胜"四大字,既无落款,更无纪年,题额下刻示意图。图的四周绘城墙,环城有永丰、和义、东渡、灵桥、长春、望京六门,还有西水门和南水门。城内双湖及环湖标有部份公署,寺观、祠庙、学校、坊表、塔、桥梁等。拓片长二百一十厘米,宽一百零九厘米,从文字剥蚀情况看,捶拓时间较早。由于折叠式存放,一处缺角,多处残损,加上其他不利因素,全图破损达近百处。我立即请古籍修复师王金玉同志作了抢救性修补,接着对其刻石年代作了一番考证。

　　一、要查对的是双湖湖面变迁过程历次丈尺记录。

　　日湖在城内东南,南宋嘉定年间丈尺图有分段丈量后的数据。明高宇泰《敬止录》载:"纵一百二十丈,衡二十丈,周围二百五十丈有奇,今仅存湖名而已。"清咸丰间浚河兼浚日湖,也曾局部分段丈量。而此《城湖形胜图》中未标注日湖丈尺数字,所以无法进行比对。

　　月湖在城内西南,北宋元祐至绍圣年间浚湖,以湖上积土成汀、洲、岛、屿十洲。自北向南湖中间为芳草洲(碧沚)、柳汀、花屿、松岛(竹洲),湖东岸为菊花洲、月岛、竹屿,湖西岸为芙蓉洲、雪汀、烟屿。舒亶《西湖记》载:"其纵南北三百五十丈,其横东西四十丈,周围总七百三十丈有奇。"嘉定间丈尺图也有分段丈量的数据。宋以后湖面变迁,但在鄞县各方志中未见丈尺记载。此《城湖形胜图》虽未标明湖中四洲名称,但记有这四处的四址丈尺及东、西二边的湖距丈尺。芳草洲南北各阔十一丈八尺,东西各长三十三丈六尺,东边湖礅起祠基止湖面七丈六尺,西边湖礅起祠基止湖面二十四丈。柳汀南北各阔十四丈,东长十九丈、西长二十丈,东边湖礅起驿基止湖面八丈五尺,西边湖礅起庙基止横阔湖面十六丈。花屿南阔二十二丈,北阔二十三丈四尺,东长五十八丈六尺,西长五十三丈,东边湖碙起寺基止湖面三丈四尺,西边湖碙起祠基止湖面十五丈。竹洲丈尺记录文字已模糊不清,东边湖碙起观基止湖面八丈八尺,西边湖碙起观基止湖面八丈。因为此图测量地段与宋嘉定间分段丈量的地点不同,宋以后湖面变迁情况又不见丈尺记载,所以仍然无法从某一时期丈尺数据的相同或不同点来鉴定其刻石年代。

二、要查考的是图中所标出的古建筑年代,以找出旁证。

明代以前始建的建筑:日湖湖心岛上有延庆寺,始建于五代后周广顺三年(953)。延庆寺东首有白龙王庙,宋建炎间建。月湖柳汀之上湖亭庙,即贺秘监祠,相传为唐贺知章读书处,①宋绍兴十四年(1144)郡守莫将建逸老堂以祀贺知章与李白。湖亭庙之南为众乐亭,宋嘉祐间郡守钱公辅建。月湖东岸的花果园庙,宋淳祐年间建。以上建筑,屡毁屡建,除众乐亭和白龙王庙于解放后被先后拆除外,其余至今尚存。因时间跨度长,故不能借此对湖图刻石进行断代。

图中标出的明代建筑或明代建置的建筑较多。日湖地区有杨宅、余宅和沈宅。杨宅即杨尚书第,在采莲桥东,为正德初南京吏部尚书杨守阯所居。余宅即余大学士第,在延庆寺西,为万历间大学士余有丁所居。沈宅即沈大学士第,在采莲桥西,为万历间大学士沈一贯所居。月湖中部四洲之上,除竹洲□祠,拓片已模糊不清外,柳汀上四明驿、瀛洲接武坊,花屿上张祠,芳草洲上范祠均始建于明代。四明驿在贺秘监祠东首,设于洪武元年(1368)。此处为宋涵虚馆旧址。元至元十三年(1276)并逸老堂改为水马二站,明洪武间罢马站,设水站,改为四明驿。"驿厅后为四宜楼,明万历间守邹希贤建,楼外跨为水云亭。"②四明驿前瀛洲接武坊,万历三十

---

① 康熙《鄞县志》卷九。
② 光绪《鄞县志》卷六十三。

九年(1611)巡抚甘士价等为丙午科姚之光等立。张祠及祠东岸问字桥,均为明南京兵部尚书张时彻建,此处原为湖心广福寺,俗称湖心寺,"嘉靖间尚书张时彻毁之,改建书院,而肖己像于中",[①]称宝纶堂。图中既已称张祠,当在万历五年(1577)张时彻去世以后。范祠原为明兵部侍郎范钦别业,万历十三年(1585)范钦"殁后即以为祠"。[②] 月湖西岸,图中绘有三座坊表,自北至南:治朝六杰坊,嘉靖二十六年(1547)御史裴绅为弘治乙丑进士闻渊等立;东海八龙坊,巡抚尹应元等为万历癸卯科赵昌期等立;尚书桥坊,天顺八年(1464)守张瓒为刑部尚书陆瑜立。月湖东岸的欢喜庵,即大欢喜庵,为万历三十五年(1607)里人徐时进同僧宏祥所建。

此外,图中所绘城内其他建筑,凡有年代可考者均建于明或明代以前。如城东天封塔,始建于唐,重建于宋绍兴间。布政司分司,明正统二年(1437)知府郑珞建。城西天宁寺,始建于唐大中五年(851),初名国宁寺,宋政和元年(1111)改天宁万寿。水则(亭),在平桥下,宋开庆元年(1259)吴潜建。白衣寺,始建于五代后唐长兴元年(930)。佑圣观,元至治元年(1321)全真高道元建。至于明末清初时期建筑,如里人陆世科在明崇祯三年(1630)建于月湖柳汀的关帝庙,海道副使王尔乐在清顺治十年建于月湖西岸的月湖书院,在图中都没有反映。这两幢建筑在当地都很著名,从乾隆《鄞县志》到光绪《鄞县志》都在卷首单列木刻图。这些建筑在城湖图中既未出现,当可反证此图刻石时间在清初之前。

综上所述,《城湖形胜图》的刻石时间,上限当不会早于明万历三十九年(1611),即瀛洲接武坊的建成时间。下限亦不会迟于明朝末年。清全祖望《十洲之一亭诗》云:"昔年十洲之完不可见,十洲之一尚有亭。十洲之一更谁问,令我三叹伤我情。嘉定图经

① 　光绪《鄞县志》卷六十六。
② 　清徐兆昺《四明谈助》。

万历碣,寻丈都非旧日程。水喉三闸淤泥平,蛟池百丈一勺盈。清澜之水宿莽生,满城荣卫尽阨塞,谁为疏导资流行。此其大者尚如此,何况十洲陈迹不过清景清。"①万历碣石早佚,除此之外,更无其他宁波城湖图碑碣的记载。我以为可以认定此《城湖形胜图》即万历碣石的拓片。数百年后的今天,为人们所仅见,其历史文献价值当不言而喻。

---

① 咸丰《鄞县志》卷二十六。

鄞志馆拓碑与《碑拓抄本》

天一阁今藏鄞县通志馆移赠《碑拓抄本》十六册,书上未署编者姓名,所录均鄞县各地碑碣文字,当为鄞县通志馆所抄编。

(一)

鄞县通志馆设立于民国二十二年(1933)一月,由热心地方文化的人士发起组成,当即募集资金,聘请著名学者和"各科专识人材"分别担任编辑、采访、拓碑、测绘、缮录等工作,开始编纂《鄞县通志》。至解放初的1951年4月全书告成,历经十八年,期间因抗日战争停顿数年,编印工作大致可分为抗战前后两个阶段。

鄞县通志馆成立之初,曾对城乡各地碑碣遗存情况作了广泛深入的调查,并订立"拓碑规约",除部分法帖及普通桥、亭、祠、庙的匾联、道路的告示碑外,对历代碑碣与摩崖刻石进行大规模的捶拓。要求"拓时须将碑文、碑额全拓,如碑阴碑侧有字,亦须照拓"。鄞县本为宁波府的附郭,民国十六年(1927)五月曾析鄞县城区设宁波市,至民国二十年(1931)一月撤市,复入鄞县。当时所拓碑碣的地域大致为今宁波市海曙、江东、江北(除慈城外)、鄞州四个区的范围。

民国二十五年(1936)九月,鄞县举办文献展览会,展出鄞县通志馆碑碣拓本,及宁波府旧属各县方志,《四明丛书》,鄞县先贤画像,鄞县舆图,原府、县二学礼器,拆城时出土的古砖甓等实物,同时还编印了《鄞文献展览会出品目录》一册。出品目录中有马瀛(涯民)先生编《鄞县通志馆碑碣拓本目》,著录"汉石一,唐石三,宋石四十有四,元石二十有四,明石百有六,清石六百一十有八,镌于今世者百七十有七,时代待考定者二十有七",总计"拓本近千"。拓本来源主要由志馆工作人员"跋涉山川,扪萝剔藓"捶拓所得,其次是向藏家征集,如"冯君孟颛馨伏跗室、鄞献会弆藏贡诸馆","邑中嗜古者间亦赍赠"。目上注明"伏跗室"者计三十六种,注明"鄞献会"者计四十一种。然而,此拓本目并非都是据拓片著录,编者在开卷处注"抄本及摘录附"。今逐一检点,条目下注明"此系抄本"的有二十六种,注明"此系摘录"的有八十六种,又据赵之谦《补寰宇访碑录》辑入的二种,共一百十五种。也就是说,当时尚有部分碑碣虽已记其目,而未藏拓本。

后因抗日战起,志事中辍,"金石一门,稿尚未定"。直至抗战胜利后的民国三十六年(1947),"志复继续编印"。由冯贞群(孟颛)先生续任文献志编纂,在《鄞县通志·文献志》中编录《历代碑碣目录》,著录唐九种,五代二种,宋七十种,元四十种,明一百九十八种,清七百二十二种,民国二百三十六种,共一千二百七十七种,亦即编者在类叙中所说"总数已达千三百种"。

今观此目,比较民国二十五年(1936)所编旧目有三点不同:一是对旧目作了订正,如"四明山心"摩崖,隶书,字径二尺许,旧目据光绪《鄞县志》谓出汉人手,作汉代著录,此目则因"未得确证"而改录。又如宋《魏文节公神道碑》,旧目以为"此碑虽在异县(奉化县),然魏杞本鄞人,故列入";此目则依照编例而删除。二是增补了旧目所漏采的碑碣和民国二十六年(1947)以后新建立的碑碣。三是附录少数木刻碑记和寺院铜钟炉铭识。

值得庆幸的是鄞县通志馆收集的碑碣拓片在经历半个多世纪后,至今大都完好地保存在天一阁里。2001年,经整理编目,计有唐五种,宋四十种,元二十三种,明九十九种,清五百四十一种,民国一百七十七种,共八百八十五种。这批拓片都是整张全幅,未经装裱,编目时每种拓片新加了函套,以利更好地保护。

（二）

　　《鄞县通志馆·文献志》既列《历代碑碣目录》，又选择其中一部分"对于本邑政治、经济、教育、文化、艺术、习俗有深切关系"的碑别列《碑碣分类考略》。谕告、规约、杂事三类"皆录其原文"，学校、衙署、名胜、祠庙、寺观、冢墓、建筑器物七类"碑文则摘录其与历史有关系者，不全载也"。编者在类叙中说"盖碑碣夥颐，若尽载其原文则成一地碑记汇编，非方志中金石一门所应有事也"。据此，我们还可以知道《碑拓抄本》中有一册是抽用本的缘由。

　　《碑拓抄本》为毛装本，均照原碑样式抄录碑额、碑文与落款，旁注碑文若干行，满行若干字，及碑石所在地。大体上按当时碑石所在地区域分册，如第五、六两册为郡庙之碑，第十三册为天童寺之碑。只有第十五册称《碑帖抄本》，不记碑石地点，当中还插入复写、油印资料，排列错杂，《翰香家塾碑记》等两种与第三册重出，这些迹象表明，此为续补之本。书中原夹有张美翊撰《屠荫椿府君墓表》、张寿镛撰《乔荫堂屠氏两世墓志铭》拓片和沙文若撰《王方清墓志铭》手稿，应属碑碣藏品，故今已析出，作为补遗，编入《鄞县通志馆移赠碑帖目录》。另一册抽用本封面上题："此册系从《碑帖抄本》各册中抽出，编入《鄞县通志·文献志》第七册金石中曾经付印者，今仍别装一册，不复归入各册中。"选录谕告碑十二种，规约碑十种，杂事碑十三种，共三十五种，与《碑碣分类考略》中全录碑文的这三类相同。

　　按照《碑拓抄本》各册卷首目录统计，减去重出的和不应列入的外县碑，共著录八百二十七种，再减去因碑石剥蚀，字迹不清而有目无文的七种，则实际抄录碑文为八百二十种。其总数比鄞县通志馆移赠碑碣拓片要少六十五种，这说明《碑拓抄本》并未全抄。不过《碑拓抄本》所抄录的碑文中有七十二种今不见拓片，借此保存许多石刻文献，显示了抄本独有的文献价值。

　　鄞县通志馆碑拓与《碑拓抄本》都是前人留给我们的珍贵文化遗产。考虑到两者之间密不可分的关系,现将《碑拓抄本》与碑碣拓片珍藏一处,以便于对石刻文献的管理和整理出版。

《明州碑林集录》序

宁波古称明州。明州碑林比较集中地保存了宁波城厢和市郊散落的碑碣刻石,碑多如林,沿称碑林。宁波又称四明,故碑林建设之初,也称四明碑林。

明州碑林由重修天一阁委员会始建于民国二十四年(1935)。是年五月,维修宝书楼工程已竣工,宁波府学内的尊经阁也已迁移到天一阁后假山之北,正在装葺中。因闻"府学地基有出卖之说,而学中旧有碑石大小多至七八十方,雨淋日炙,易于剥蚀,近有数碑为人击碎",便议定将碑石迁到尊经阁附近加以保护,"砌作墙基,上覆游廊,以蔽风雨,供人读拓"。此后,历时一年,搬入碑石八十方,其中除迁自宁波府学、鄞县县学、遗爱祠等处者外,还包罗了宁波拆城墙时从长春门、灵桥门、通利门出土的断残古碑十种,浚天一池出土的残碑二种,以及在江北岸泗州塘与西郊马园出土的墓志铭五种。碑石大多嵌入尊经阁东西北三面围墙里,少数几方双面碑及体量特大且有碑座的碑分别竖立在尊经阁前后空地上。当时为节省开支,甚至动用了监狱里正在服刑的工匠,但终因经费不足,游廊未能建成。

碑林形成不久,冯贞群先生编撰了《明州碑林目》,著录宋碑七种,元碑十六种,明碑三十四种,清碑三十一种,共计八十八种。其中八种刻于前碑之阴,故实存刻石为八十方(碎石一种计一方),反映了明州碑林初创时期的概况。此后,碑石略有所增,如民国《鄞县通志》记载碑石地点为明州碑林,而冯目不载的《镇海防夷图记》、《镇海防夷图记书后》、《提督余公去思碑》,即为冯目以后增加。由于抗日战争等原因,碑林曾长期处于封闭状态。

　　明州碑林东西两边的碑墙同天一阁围墙相连接,与天一阁关系密切。新中国成立以后,碑林随着天一阁的对外开放而开放,也随着天一阁园林的拓展而拓展。"文革"期间,常见被弃置的碑石,当时我们有选择地陆续抢救搬运来四十余方,其中三十六方及原在尊经阁旁空地上的部分碑石,于1972年前后嵌入新建的东园围墙。此后又陆续收集了十余种,连同尊经阁旁空地上的其余碑石,分别陈列于东园和南园的靠墙处,使明州碑林再度延伸。

　　改革开放以来,明州碑林首先引起学术界的重视。为了反映自冯目以来碑石续增情况,我曾编撰了《明州碑林续增目》,著录宋碑六种,元碑二种,明碑十七种,清碑三十五种,民国碑二种,年月无考的图像碑一种,共计六十三种,存石七十三方。这批碑石以迁自府城隍庙和鄞县县学者为多,余则迁自贺秘监祠、延庆寺、天童山、中山公园、月湖书院、鲁班殿、佑圣观、福建会馆等处。其中十四种,在民国《鄞县通志》中不见记载,可补史志之缺。

　　碑廊的建设除了经费问题外,也因如何理解文物保护单位"保持原状、维护现状"的原则而长期讨论,耽误了一些时间。先是1986年东园的建设,按照园林专家陈从周教授"环园皆廊也"的设计理念,沿碑墙建筑了硬山顶木结构游廊,取得了既保护文物,又协调环境的良好效果。然后经国家文物局批准,于2001年补筑了尊经阁前三面碑廊,完成了前贤们未竟的事业。如今碑廊总长度约三百米,曲折逶迤,吸引人们驻足其间。

　　明州碑林具有显明的地方特色,内涵丰富,涉及宁波历代经济、政治、军事、教育、文化、宗教、民俗、人物等诸多方面。碑文有的仅存于刻石,有的虽见于地方志或相关文集,但在收入方志时,文字往往被删节,收入文集时也往往不载撰文时间及作者、书写者等落款。所以碑刻文选有其独特的文献价值。

　　我早就想对明州碑林的石刻文献作一次全面系统的整理和研

究,只是没有时间和精力来实行。由于碑石是在数十年间陆续收集起来,陈放排列无一定序次,查阅很不方便。许多碑石年代久远,剥蚀残损,不易识读,而且随着时间的推移,碑石风化日益严重,必然会对整理工作带来更大的难度。所以,碑文的整理汇编便成了当务之急。记得 2005 年 12 月,我从杭州岳庙访碑归来,就与天一阁博物馆分管文物保护的章国庆副馆长谈起此事。章先生知难而进,结合文物"四有"档案工作,承担了这项抢救性任务。自此,他几乎投入了所有节假日和业余时间,并且利用夜间光线昏暗之时,自创了一种侧光照读碑石的方法,看清了某些白天看来模糊不清的碑文。没有想到,时隔两年,一部精心编著的《天一阁明州碑林集录》终于定稿。我面对书稿,见其收录完备,编写精到,欣喜不已。

书中所收刻石除碑目著录者外,还包括目前馆内库藏的碑碣,合计唐一种,宋二十种,元十七种,明六十四种,清六十六种,民国五种,共一百七十三种。碑碣以纪事为主,书中除碑石断残过甚又无文献可征的九种和没有文字的图像碑三种以绘制线图作形象记录外,共辑录碑文一百六十一种。其中关于府学、县学、书院兴修及箴言等学校教育碑五十三种,数量最多。其次为禁约碑二十种,墓志及圹记十八种,祠堂碑十七种,坛庙碑十种,进士、职官、乡贤、忠孝节烈题名碑八种,佛寺碑八种,去思、德政、惠政等政绩碑七种。有关军事的三种,水利二种,海运二种,会馆二种,府城一种,道观一种,藏书楼一种,华侨舍钱筑路碑(三方合计)一种。属于文学艺术作品的有诗三种,书三种,诗画一种。

全书以碑刻年代为次编排,每种碑碣先文录,后考述。碑文中剥蚀残损的文字,尽可能用相关文献补出。补出的文字加上标记,既反映现存碑石的面貌,又使读者获取了较完整的文献资料。每种刻石经过细心查考,写有"简述",记载碑碣形制、大小、行格、书法、纹饰、撰文立石年月,残损情况,补文出处,以及其他考订内容,做到言简意赅。

　　《天一阁明州碑林集录》是一部碑碣文献的汇编,也是一部碑刻研究的学术著作,它的编撰与出版,使宁波文化多了一项积累,更使明州碑林走出尘封的历史,同公众见面。因此,我深信本书一定会受到专家学者、文史爱好者和广大读者的欢迎。

2007 年 10 月于天一阁

《甬城现存历代碑碣志》序

　　章国庆先生在编著出版《天一阁明州碑林集录》后，又扩大碑碣研究范围，与裘燕萍女士合作完成《甬城现存历代碑碣志》，在学术研究上取得新成果，真是可喜可贺。

　　宁波简称甬。唐长庆元年（821）迁明州州治于三江口，筑子城。乾宁五年（898）在子城外筑罗城，砌以砖石，周长十八里。历代为明州、庆元府、庆元路、宁波府和鄞县的治所。清代设宁绍台道，民国时曾短期设宁波市。新中国成立前，宁波已经解放，1949年6月24日，以鄞县城厢及近郊江东、江北设宁波市。当年所辖地域，就是现在所说的老市区。1986年12月8日，国务院批准宁波为国家历史文化名城。碑碣是文化的一种载体，宁波丰富的碑碣刻石承载着名城的历史文化。

　　碑碣研究属金石学范畴。金石之学始于汉，盛于宋，复兴于清，清代著名学者钱大昕、翁方纲、孙星衍、阮元等皆为此学。钱大昕以为"金石之学与经史相表里，盖以竹帛之文久而易坏，手钞板刻辗转失真，独金石铭勒出于千百载以前，犹见古人真面目，其文其事，信而有征，故可宝也"。钱大昕还参编过天一阁碑目。翁方纲曾为天一阁收藏的兰亭序刻石题诗跋。孙星衍在《寰宇访碑录》中著录宁波各地碑碣有唐八种，宋二十四种，元二十一种，共五十三种。鄞县占三十五种，分布在城内的有宋吴正平撰《延庆寺罗汉像记》，宋吴潜撰《贺秘监逸老堂记》，宋钱公辅、王安石等《众乐亭诗刻》，元王应麟撰《庆元路重修儒学记》，元袁桷撰《庆元路庙学记》，元程徐撰《鄞县重修儒学记》等十七种。阮元《两浙金石志》"自会稽秦刻以下迄于元末皆著于篇",除记载碑碣形态和碑文外,有的还记刻石所在地的周围环境,如在著录《众乐亭诗刻》的同时,又征引文献,记述月湖之中众乐亭原貌及其变迁。

关于甬城碑碣的历史状况,我们可以在历代宁波府志和鄞县县志的记述中知其大概。正是由于前人的著录,才保存了许多石刻文献与史料,并使后人得以考知佚碑、残碑的原貌。从这一意义来说,《甬城现存历代碑碣志》便是历史长链中的一个环节。

自二十世纪三十年代以来,甬城碑碣有过三次大搬迁。第一次是民国二十四年(1935),因宁波府学改作公共体育场,原府学尊经阁及府学内的碑碣都迁到天一阁北首,形成了明州碑林。第二次是在"文化大革命"动乱期间,管理天一阁的文物干部出于历史责任感,排除干扰,克服困难,有选择地陆续从各处抢救搬运数十方碑石至天一阁东园,作为明州碑林的延伸。第三次是在改革开放以来的旧城改造过程中,文物部门搜集了一批无法在原地保存的碑石,分散存放于几处文物保护单位,总数也有数十方之多。碑碣搬迁的目的自然是为保护历史文化遗存,但一经移动,就改变了环境原貌。《甬城现存历代碑碣志》便是对这种改变后的状况所作的历史性记录。

《甬城现存历代碑碣志》著录老市区内除明州碑林和天一阁藏帖石外的碑帖刻石,计唐五种,宋六种,明八种,清八十七种,民国二十五种,帖石十种,附牌坊二种,共一百四十三种。这些虽然称不上丰碑巨碣,但是其中不乏珍贵地方文献。就唐宋碑而言,唐著名书法家奚虚己行书《佛顶尊胜陀罗尼经并序》为甬城现存最早的碑碣刻石。宋《明州重修湖亭碑记》隐而复显,知者不多。宋《天封塔地宫题记并发愿铭》可订补地方志对天封塔的记载。明碑中,《张时彻墓志铭》由著名学者王世贞撰文,刻石二方,颇为罕见。《独秀山记》记述五百多年前在子城"廨宇之西,隙地之间"聚石为山,构亭造园的事。今景观稍异,而山石尚存,此记即为始建年代之确证。清碑数量最多,内容涉及经济、政治、文化、教育、社会、宗教、民俗、人物等各个方面。其中《新建浙海大关记》、《重修水则亭记》、《甬东天后宫碑铭》、《后乐园记》、《重浚宁波城河记》等都是重要的碑记。民国碑均系抗战之前所立,《宁波钱业会馆碑记》、《华美医院历史》、《宁波商会碑记》、《鄞县县立女子中学新建学舍碑记》等反映了现代宁波经济发展和城市建设的情况。

　　甬城碑碣分布较广,现存白云庄二十九种,天封塔十八种,郡庙十种,保国寺十种,鄞邑庙九种,中山公园七种,药皇殿六种,观宗寺六种,卢氏宗祠五种,钱业会馆四种,庆安会馆四种,七塔寺四种,董孝子庙三种,延庆寺三种,翰香小学三种,第二医院三种,市文保所三种,超然阁二种,江东区文保所二种,镇明路迎凤街口一种,马衙街三十号一种,杨氏宗祠一种,吴氏家庙一种,东恩中学一种,紫金巷林宅一种,海曙区文保所一种,望春街道一种,徐家漕村一种,它山庙一种。此外,柳汀街与江东彩虹路牌坊刻石各一种。在众多碑碣中,有六十五种为民国《鄞县通志·历代碑碣目录》所未载,当是编目后半个多世纪里新发现。本书著录新发现碑帖之多,可知作者采访之勤,调查研究之深入,从而取得满意的成果。

　　《甬城现存历代碑碣志》有两个明显特点。一是兼收并蓄。所录有官府告示类二十九种,行业规约类十种,宫庙类十九种,墓志类二十三种,谕告类十一种,建筑类十五种,佛寺类十八种,祠堂类五种,善举类八种,艺术类三种,坊表类二种。对于碑文中因作者所处时代局限而造成内容违碍的问题,本书仍不隐不弃,照实著录。二是图文并茂。每种刻石都依次著录年代、现存地点、形制、书体与行格、碑文、备注。备注项多考注刻石相关的人和事。每种刻石都有照片或线图,可令读者一目了然。

　　《甬城现存历代碑碣志》还为我们提供了有关碑碣保护方面的信息。例如前面说到的《独秀山记》碑,虽嵌于山石之中,但仍裸露在外,当1998年编《宁波市志》时,碑文尚脱字不多,而十年后的今天"已泐损过半"。令人忧心的是碑石集中较多的白云庄、天封塔二处,大多数碑石陈列在露天,未筑碑廊,日晒雨淋,极易剥蚀。因此,大家期望通过此次文物普查,能进一步加强对碑碣刻石的保护。

　　章国庆先生和裘燕萍女士都是从事文物工作多年的专家,今送来书稿,请余作序。故缀数语,以为弁言,时在 2009 年 2 月立春日。

马廉的《鄞古砖目》

　　马廉先生是二十世纪前期著名学者和藏书家。他的著作很多,据民国《鄞县通志》记载,有《千晋斋砖录》、《劳久笔记》、《隅卿杂钞》、《录鬼簿新校注》、《曲录补正》数种。此外,郑振铎藏有马廉不登大雅文库抄本《不登大雅文库书目》,天一阁藏有朱氏别宥斋赠送的马廉《鄞古砖目》。这些著作在他生前大多未曾刊印,《鄞古砖目》一书是目前唯一留存于他故乡宁波的一部著作,也是未刊稿本。

　　《鄞古砖目》五卷,马廉手稿一册,每卷首页署“鄞马廉隅卿编”,书口写书名、卷次、时代、页次(分卷计页),共四十二页,每半页十一行,每行字数不等。全书著录汉十二品,吴四十五品,西晋三十四品,东晋十品,(南朝)宋十九品,共一百二十四品。正文卷二末有“廿一年九月四日重录稿毕”一行,卷首总目亦记至卷二止,盖卷三以下内容为民国廿一年(1932)九月四日以后所续写。

　　本书首末无序跋,书中夹有马廉文稿一页,叙述在宁波搜访古砖之事,但文中只说“(一)发现大批六朝古砖”,而未见以下的叙述。显然,这篇文章尚未写完,或者第二页以下的稿纸丢失了。我恐见存之页日后遗失,就把它粘贴在本书的卷首。

　　前人曾说:“汉晋之砖,金石绪余。”清代学者对宁波出土的古砖已有一定研究,如道光间阳湖吕佺孙著《百砖考》,同时嘉兴冯登府撰《浙江砖录》等。二十世纪二、三十年代宁波拆城,出土了大量古砖,当地人士自发亲临现场,不断搜集或捶拓交流,从对古砖的研究扩展到对古城的研究,其著述有冯贞群《宁波市新出土砖石考》,张琴《留斋藏砖题跋》等,首次出现宁波城池考古的热潮。

宁波古称明州,在三江口筑城,相传始于晋代。唐长庆元年(821)州治迁至三江口,始筑子城。南宋庆元元年(1195)升明州为庆元府,城墙数经维修。元初毁各地城垣,庆元旧城遂夷为平地,至正八年(1348)复筑。明初改称宁波府,城墙先后更新增葺。清仍为府治,自顺治至道光年间,城凡八修。道光时,城墙周围二千五百二十七丈,延袤一十八里,设东渡、灵桥、长春、望京、永丰、和义六门,城楼十二座,炮台三十二座,高堞深壕,备极雄伟。至民国九年(1920)宁波市政筹备处有堕城造路之议。十三年(1924)始毁灵桥、东渡二城门及城西一段。十六年(1927)宁波市政府成立,决定毁城筑环城马路,行驶汽车。民国《鄞县通志》记载:"自十八年起讫市府撤废止,为时不过三年,而三江口千余年之雄城已成废迹。"

正如马廉文中所说,当他于民国二十年(1931)秋回到宁波时"已经是拆城的尾声了"。尽管如此,他仍抓住最后的时机,怀着爱护民族文化遗产的满腔热情,四出搜访,寻找失落的文明,积聚古砖之多,超过了同时代当地的其他收藏家,其藏砖处称"千晋斋"。

马廉写《鄞古砖目》时宁波已撤市,市区归属鄞县。因此,"此书凡遇新出土砖书鄞,若征引旧籍原书称宁波,乃当时专指附郭鄞县而言者均仍旧名"。书中所录以城厢出土古砖为主,兼及鄞县各地。著录砖文、纪年、花纹、残破情况,出土地点、收藏者。间亦引录文献,考订异同。

所录一百二十四品古砖中,有八十七品藏马氏千晋斋,九品藏朱氏别宥斋,其他二十八品或据冯氏伏跗室藏拓片,或据《百砖考》、《浙江砖录》、《宁波市新出土砖石考》等文献。著录的古砖多出自长春门至望京门一带,其中长春门(旧南门)及永宁桥城址有二十一品,庆云楼(八角楼)城址有二十品,马衙(眼)漕至望京门城址有十六品。其他如东渡门（旧东门）及后街城址、竹洲南（湖西奥底）城址、通利门城址（民国初开），和义门（盐仓门）城址，江心寺城址均有出土，数量为一品至十余品不等。可知马廉的足迹已踏遍全城。

本书第三页作者按："别宥斋主人为萧山朱氏赞卿鼎煦，旅鄞已二十年，乃此次集砖同志之一。"马廉除在书中著录别宥斋藏砖外，还收藏同时钤有"别宥手拓"朱文方印和"马廉"白文方印的古砖拓片四十二页。马、朱两先生交往甚深，《鄞古砖目》稿本留存于别宥斋也就不奇怪了。

《鄞古砖目》的显明特点是在著录古砖时，缩绘了各砖的图案花纹，如苎布纹、蕉叶纹、方罫纹、乌形纹、粗直纹、宝锭纹、星纹、园纹、鱼纹、龟纹、书纹、钱纹，以及其他多种纹饰组合的花纹。所绘除平面砖纹外，凡侧面上端、下端有花纹的也择要绘录，有时一砖绘制四组花纹，为古砖的鉴别提供了形象直观的资料。

《鄞古砖目》和千晋斋藏砖是宁波历史文化名城的重要见证。人们在研究这座城市历史的时候，一定不会忘记马廉先生为保存与弘扬历史文化所作出的突出贡献。

张琴的《留斋藏砖》

张琴先生是现代浙东著名的书法家和金石学家。当宁波城墙拆除时,他拣得许多出土的古砖,《留斋藏砖》便是他收藏研究古砖的一部著作。此书具有文物史料价值,是难得的地方文献,可是长期来稿本深藏天一阁,鲜为人知。为此,本文略作介绍,以引起学者和地方丛书编纂者的重视。

(一)

张琴字峰桐,鄞县黄古林人,生于清光绪元年(1875)。《鄞县通志》称其:"自号留叟,清贡生。科举既废,历任郡各中学教职。善隶书,旁及篆刻。鄞隳城,搜得六朝砖五十余,抚拓而考索之,曰《留斋藏砖题跋》(即《留斋藏砖》),通志艺文间采其说焉。"后任职于宁穿汽车公司,抗日战争开始,公路停办,辞职回家。民国二十八年(1939)因病去世,享年六十四岁。

新中国成立不久,留斋遗书捐献给国家,《留斋藏砖》稿本也随之珍藏天一阁。1952 年,宁波市古物陈列所编《志愿军张侗同志捐赠其父峰桐先生所遗书物目录》详记其事。

《留斋藏砖》分前编和后编。前编四册,卷首作者自题"留斋藏砖·附题跋",陈布雷题"留斋藏砖·抱残守阙",门人沙文若书"张老夫子题跋·留斋藏砖",接着为张琴肖像和自序,目次前亦题"留斋藏砖",下署"鄞张琴留叟著录"。正文以砖甓获得先后为次编排,每砖为一记述单元(唯晋永和隆和两残砖合二为一),先列拓片,次为题跋,再为题诗。卷末赠言,有冯孟颛、俞仲伊等人题跋,方如兰、孙兆梅等人题诗。并附录作者《与董咏麟君雪夜映句诗十四绝》、《参订人述略》、《自署留叟说》。后编一册,记述体例如前编,但首末无题词、序文、赠言及附录。

作者自序写于民国二十年(1931)二月,序云:"自念自索发受书后,金石之学夙所研求……自丁卯(民国十六年,1927)隳城来,访得古砖二十八,内六砖犹未及千年,未曾著录,著之篇者二十二。又其二,一已琢成砚,亦汉物,于杭垣水亭趾购得之,一南朝宋物,为门人葛夷谷所得转以遗予,盖皆千余年矣,合之得二十四砖。"后编收录民国二十年(1931)五月至七月间所得古砖,减去一种有目无文,实录十四砖。前后两编共著录三十八砖。除汉大瓦范氏砖得自杭州外,余均出土于宁波城池遗址,在长春门、两眼桥、里濠河、永济桥、小板桥、八角楼、喉桥、湖西岙底、和义门等处所得。

《留斋藏砖》内容丰富,图文并茂,全书有拓片八十二张,题跋二百十六篇,诗九十六首,铭一篇。著录古砖大小尺寸、厚度、断残、砖色、制砖人、文字、纹饰、出土时间、地点。清洗捶拓后,对于非纪年砖则繁征博引,或据其质,或据其纹,考订年代,为宁波城池考古积累了直接史料。

阅读书中诗文,犹如跟随作者进入拆城现场,有惊喜,也有遗憾,从而体会到作者收藏研究的艰辛和快乐。一次,张琴先生在长春门堞楼下得一古砖,"初见时泥泞遍体,仅露一泉范,携归洗涤,始见永安二字,亦初意不及料也,附笔志喜"。某日:"经南郭小板桥,于丛砖中访得(晋元康砖),其截痕似是新断,故于其前后左右瓦砾间寻觅其馀,约半时之久,终不可得,心犹未灰,尚待搜索,卒以晚航出濠,舟子敦促登舟,不得已舍之而去,顾于心常念念不忘也。"又某日:"当未度永宁桥时,隔岸见百许工人,箕者、畚者、篓而担者、辇而运者,络绎不绝于道,盖知为工程上作三和土之用。汉五铢泉范砖本完好,今去其大半,乃刚为推去者,未免为之怅怅。一面出袖中小帕裹之将行,诸工人有斜睨而笑者,有嗤之以鼻诮我

视粪土如黄金者。工人皆来自淮北,口操土音,其自相言语不甚明
了,大都不外乎诧异予之举动。"

书中还收录友朋赠言、题词多篇。周朗川题云:"明州古犹句
越防,大城一隳成康庄。古砖抛散人不惜,留斋有时独徬徨……"
李访梅诗云:"万雉丰堞高且厚,今已隳之惟恐后。明州父老皆希
虚,如此沧桑古未有……"反映了当时民众对古城被隳的惋惜
心情。

(二)

《留斋藏砖》在体例上有其独特的地方。只是正文以古砖入
藏时间为次编排,读者如果只看目次,就不能够明白古砖的历史序
列。今按历史时期记目如下:

汉五品:汉永平砖(后编八),汉大瓦范氏砖(前编十九),汉
阙文砖(后编四),汉五铢泉范砖(前编九),汉五十泉范断砖(前编
二十)。

吴五品:东吴五凤砖(后编五),东吴永安砖(前编二十一),
东吴大泉当千砖(后编十四),东吴李氏砖(后编六),东吴五字残
文断砖(后编九)。

晋二十品:晋太康砖(后编二),晋太康第二砖(后编三),晋
元康砖(前编二十二),晋永和隆和砖(前编二),晋永和第二砖(前
编三),晋永和第三砖(前编六),晋永和第四砖(前编十四),晋隆
和第二砖(前编四),晋隆和第三砖(前编八),晋隆和第四砖(前编
十),晋兴宁二年甲子砖(后编十一),晋太元砖(前编十一),晋太
元第二砖(前编十三),晋太元第三砖(后编十),晋岁在己酉砖(后
编一),晋廿日夏造砖(后编十五),晋五字泉范残砖(前编十八),
晋阙文砖(前编五),晋阙文第二砖(前编十五),晋海棠砖(前编
十五)。

南朝五品:六朝永初砖(后编十二),六朝元嘉砖(前编二十

三),六朝蕉叶纹残砖(前编一),六朝蕉叶砖(前编七),六朝小泉范点梅砖(前编十二)。

唐二品:唐建中砖(有目无文,后编十三),唐太和砖(前编十六)。

不著年代一品:古龙鹿纹砖(后编七)。

另据《留斋藏砖》自序,前编脱稿,友人纷来索观。作者"不敢自秘,影印装成千部,既所以公同好,亦所以存古物之真耳"!然而序文写于后编之前,后编无后记,全书最终是否影印便不得而知。民国二十五年(1936)九月,张琴先生曾为鄞县文献展览会编印过《鄞砖甓目》,谓"取冯孟颛贞群《鄞城古甓录》,马隅卿廉《千晋斋砖目》,及琴之《留斋藏砖前后编》题跋及拓本,都二百馀事编成一帙"。文中亦未述及刊书之事。

五、附 录

天一阁旧题诗歌选注(续)

天一阁是我国著名藏书楼,自明清以来数百年间,文人学者往往思古兴怀,发为歌咏。这些诗歌在一定程度上反映出天一阁各个时期的历史面貌,成为天一阁藏书文化的组成部分。只是由于年代久远,有的已经失传,目前尚能考见者,亦散在简策,收辑不易。

笔者曾采录天一阁藏书纪事之诗数十首,成《天一阁旧题诗歌选注》,附刊于《天一阁丛谈》一书卷末。此后十余年来所见不多,续采之诗虽少犹珍,惟恐久而散佚,故趁《天一阁杂识》出版之机,录于书末。

题天一阁进呈书两种

弘历撰

(一)题宋魏了翁纂《周易要义》

华父师敬子,其学传紫阳。紫阳注周易,独称卜筮方。举占意有谓,恐人涉荒唐。魏乃宗正义,删繁取其臧。释文考陆氏,兼引马郑王。简以得其要,约而颇致详。彝尊尚勿知,希宝诚吉光。开宗辟虚元,孔门教用彰。三易明周称,盖谓取岐京。乾健具四德,坤顺惟随倡。弗牛而曰马,牡马行无疆。然予更思之,仍即一乾刚。乾坤分既定,馀卦推类明。大端弗失正,大翼臣之良。出处益卓然,正色立朝纲。岂徒托空言,用易诚有常。四库广搜罗,懋柱出珍藏。钞刻俾归之，牖世文教昌。卷首题五言，用贲世守长。

（二）题唐马总编《意林》

集录裁成庾颍川，意林三轴用兹传。漫嫌撮要失备载，尝鼎一脔知味全。

都护安南政不颇，用儒术致政平和。奇书五卷铜柱二，无忝祖为马伏波。

六经万古示纲常，诸子何妨取所长。节度岂徒务占毕，要知制事有良方。

五卷终于物理论，太玄经下已亡之。设非天　阁珍弆，片羽安能欣见斯。

【注】乾隆甲午御题诗，五言古风一章，七言绝句四章，录自清薛福成等编《天一阁见存书目》。

登 天 一 阁

倪象占撰

甬上藏书阁，熊光照斗魁。牙签前代积，铁锁不时开。镇石凭神护，层梯逐队来。平生怀饼愿，欲下首重回。

【注】倪象占字九山，象山人。优贡生，馆郡城卢青崖址家抱经楼，晚官嘉善训导。诗见其《铁如意斋诗稿》。

登天一阁观藏书

秦　瀛撰

前朝司马藏书馆，阁名天一书万卷。盛事流传三百年，天公不遣随飞电。就中金石恣搜罗，陈昌猎碣供摩挲。赢刘以来字亦古，凡将急就无偏伪。皓埼亭翁好古才，竹汀先生等婘雅。编排甲乙灿列眉,神光宝气纷詌訚。从来名迹多尘埋,遂初堂久湮蒿莱。外家传是亦散佚,华严历劫旋成灰。只今阁中书最富,瑯嬛秘笈还如旧。蝌蚪文字同不磨,㧑呵应有神鬼守。甬东策骑访清门,定武兰亭拓尚存。奎章下烛照白日,文采风流到儿孙。

【注】秦瀛字淩沧,号小岘山人,江苏无锡人。乾隆四十年(1775)举人。诗见《小岘山人诗集》卷九。诗前叙云:"登天一阁观藏书,范氏后人复出碑目一册索题,为全谢山、钱辛楣两先生前后订定,赋此。"

范氏天一阁观御赐西征凯旋图恭赋二十韵

孙 蔚撰

杰阁遗前哲,雄图锡帝廷。珍藏传久远,瞻拜仰声灵。本属羁縻地,偏多跳踉形。苗氏生舜代,鬼国著羲经。滋族终嫌逼,兴师不暂停。聊尝删祃礼,深入扫欃星。颇惜乌苏役,旋严拔达刑。火攻惊霹雳,巢破走鼯鼪。虎士神皆旺,鲸封血尚腥。纷纷俘剑甲,一一载辎軿。彻幕妖氛靖,还军细雨零。青郊陈供帐,紫陌响和铃。饮至恩膏渥,酬庸姓氏馨。人教麟阁绘,功许凤池铭。综务思萧鄚,威边仗卫青。五年宵旰切,万里燧烽宁。写出昇平象,垂为奕世型。天章真灿烂,画手洵珑玲。拓土临蒲海,观图满芍厅。从知西旅贡,不敢懈王庭。

【注】孙蔚字守荃,号逸云,鄞县人,乾隆五十四年(1789)拔贡生。诗见《逸云居士诗编》甲午。

天 一 阁 歌

董承濂撰

凡物聚于情所好,玳瑁象犀相眩耀。何人书窟独恬然,百城坐拥供啸傲。白面绣衣范侍郎,林下闲开绿野堂。千卷万卷堆满楣,惟宅之东构杰阁。左瞰月湖右大江,苍然远岫列书窗。先生点笔时雠校,夜深往往对残缸。即今百年物已故,鼠迹烟煤无复虑。收藏自有后人贤,不使贪婪得餍饫。结伴曾来窥石仓,万轴牙签翻卒遽。宛如八珍列眼前,茫然不知下箸处。平生漫夸富撑肠,到此徘徊不能去。人生裕后在诗书,书田无税得安居。君不见世人遗子金满籯,轮奂大屋照眼明。须臾易主谁能争,否亦颓垣败砾过客惊,惟此小阁兀然尚留名。

【注】董承濂字睫巢,鄞县人,生平不详。诗见其父董明伦辑《馀芬集》。《馀芬集》卷首有嘉庆七年(1802)董明伦序。

天 一 阁

陈 劢 撰

藏书阁比鲁灵光,劫后牙签半散亡。检点残编珍世守,故家乔木尚苍苍。

【注】陈劢字子相,号咏桥,鄞县人,道光十七年(1837)拔贡。诗见其《运甓斋诗稿》卷八,为《近事志喜》六首之一。(卷一《范司马天一阁》诗,初编已录)原注云:"懋柱进书七百有馀种。寇乱后,阁中犹存什之三四。林木翳然,多司马时遗植。"

天 一 阁

范邦桢撰

莫问丰家万卷楼,廉泉宅里有荆州。人间委宛银编贮,天上婵嬛玉册留。自有卯金能检阅,不须酉穴更搜求。至今三百馀年后,犹是文光射斗牛。

【注】范邦桢字亦汾,鄞县人,道光二十年(1840)举人,寡言

笑,读书不辍,著述甚富,有《撷香楼笔记》等。诗见《撷香楼诗存》。

记 天 一 阁

陈炳翰撰

范氏城南天一阁,万卷琳琅藏著作。至今穿窬亦文明,妙手空空载以橐。四明国粹系非轻,一朝胠箧令人惊。绅士运筹完赵璧,重价岂容惜连城。

【注】陈炳翰字洁庵,鄞县人。清诸生,为里教授三十年,生平留心地方掌故,著有《洁庵诗文稿》等。诗见《鄞县通志·文献志》所录《洁庵吟稿》中甲寅纪事。甲寅为民国三年(1914),原注:"三月,天一阁藏书失窃,后知窃者售于汉镇,以重价赎归。"

题天一池记明拓本

邵 章撰

有明藏书家,首推鄞范氏。万卷道生楼,馀烬悉罗致。又从鄮州抄,浙东遂雄视。凿池月湖西,周遭林木翳。建屋出心裁,七阁存规制。尧卿订家法,析产以金替。分房掌扃钥,擅入罚黜祭。借与及典鬻,森严格成例。传之三百年,未坠先人纪。梨洲谢山翁,濡毫美其事。著录文选楼,四部循次第。道咸迭燹罹,零落同废纸。邦绶购赎归,边守檄提继。宗钱再编目,伤哉十存二。艺风登阁观,断烂盈地矮。岂期不卌秋,捆载春申市。胠箧来驱侩,追呼无还理。覆护亘两朝,哀此一旦圮。我来游四明,阁故闻之耳。独得文安笔,煌煌天一记。毡墨溯明初,直疑阁中庋。惜无碑阳书,永怀吴道士。祖庭半岩藏,亦毁庚辛岁。桥西遗韵存,廛架稍排比。六通与天一,潢潦江河拟。区区好古心,聊以诒孙子。

【注】邵章字伯炯,亦作伯絅,号倬庵,杭州人。清光绪二十九年(1903)进士,历任杭州府中学堂、浙江两级师范学堂监督,北京法政专校校长等职。诗见 1936 年《东南日报》特种副刊《金石书画》第五十六期。

天一阁流散书寻踪

　　天一阁是我国历史文献宝库,以收藏明刻、明抄本和保存明代文献著称。因而文化学术界人士十分关注天一阁藏书的散出,每次大变动之后总有学者为其编录书目,如乾隆年间的几种《天一阁进呈书目》,民国初年藏书大量被窃后的几种《天一阁失窃书目》。只是这些书目记载并不完全,天一阁原藏书大多未钤藏印,书籍辗转流散又缺乏记录,所以不少书籍已不知流向何处。笔者孤陋寡闻,仅从所见部分藏家书目或题跋中,辑得被确认为天一阁旧藏的书目如下,以反映天一阁书籍流变情况,供天一阁学研究者和文史爱好者参考。

一、吴引孙测海楼收藏
——《测海楼旧本书目》著录

春秋五论一卷
　　　　宋吕大圭述,明抄本一册。
五灯会元二十卷
　　　　宋释普济撰,明嘉靖辛酉平湖德藏寺刻本二十册,有"天一阁"朱文长方印、"古司马氏"朱文方印。
　　【注】《测海楼旧本书目》清扬州吴引孙藏,民国十九年(1930)陈乃乾校录。录有光绪十八年(1892)九月天一阁后裔范彭寿《春秋五论跋》,云:"是编为吾范氏天一阁旧藏抄本,卷首有先侍郎公手题'吕氏春秋五论'六字,历三百馀年,兵燹之馀,完好

如故。"

二、江苏第一图书馆收藏
——《江苏第一图书馆覆校善本书目》著录

仪礼戴记附记四卷外记一卷

  明黄润玉,明天一阁旧抄本,有"澹园长物"一印,多残阙。

急救仙方十一卷

  著者失名,明抄道藏本,天一阁藏书,有阙叶,有"范氏梁甫"一印。

仙传外科集验方十一卷

  明浚仪赵宜真,明抄道藏本,天一阁藏书。

燕几图一卷

  宋黄春睿,明刊本,有"崑崙山人"、"少明"诸印。

文房图赞一卷续一卷

  宋可山林洪,罗先登续,明沈津刊本,有"少明"、"崑崙山人"、"四明范大冲子受氏印"等章。

寇忠愍公诗集

  宋寇准,明弘治刊本,有"东明山人"、"壬辰进士"、"范氏图书之记"诸印。

田兵部集六卷

  明祥符田汝□,明抄本,天一阁藏书,首叶有丁丙记。

  【注】《江苏第一图书馆覆校善本书目》民国八年(1919)铅印本四册。本书齐耀林序:"光绪中叶,东瀛以重金购皕宋楼所储以去,复耽耽于丁氏八千卷楼藏书。时浭阳尚书总制两江,酾哑市之以归江宁,因惜阴书院故址辟地建楼二十二楹于盋山之麓,命曰江南图书馆。"民国二年(1913)改名为江苏省立图书馆,八年(1919)

改称江苏省立第一图书馆。

三、中央大学国学图书馆收藏
——《国立中央大学国学图书馆小史》著录

四书经疑贯通八卷

　　元王充耘讲授，黄绍撰续。此从范氏天一阁藏本录出经进四库馆校录事竣发还之书，故上有翰林院印。

商文毅疏稿略一卷。

　　此白纸蓝格的为明抄，卷首加翰林院印，又有馆臣批抹之笔，殆即天一阁进呈发还之本也。

　　【注】《国立中央大学国学图书馆小史》民国十七年（1928）铅印本一册。据本书第二章沿革，江苏省立第一图书馆几经改名，民国十七年五月改称中央大学国学图书馆。上述天一阁旧藏二种见《天一阁进呈书目》均为明抄本，今藏南京图书馆。

四、张元济涵芬楼收藏
——《涵芬楼烬馀书录》著录

春秋五论不分卷

　　明抄本，天一阁旧藏。题朴乡先生温陵吕大圭述。大圭为宋福建路泉州南安县人，淳祐七年进士，后以抗元遇害，故其书弥为世人所重。是本版心有茶梦斋抄四字，其名见天一阁书目经部，卷末有范氏后人彭寿跋。

岳阳风土记不分卷

　　明抄本，天一阁旧藏。题宋宣德郎监岳州在城酒务范致明撰，前有范寅秩、刘谷坚二跋，后有嘉靖陆埘跋。是书出自天一阁，检其书目，有蓝丝阑绵纸抄本，当即指此。

梦粱录不分卷

明抄本一册，天一阁旧藏。卷首书名题此南峰杨循吉删本八字。按天一阁书目史部：梦粱录，红丝阑抄本，宋钱塘吴自牧撰，原书二十卷，此明人杨循吉删本也云云，即指是书。

漫堂随笔不分卷

明抄本，天一阁旧藏。明茶梦斋姚氏蓝丝阑抄本。卷末有姚咨手跋，谓是唐伯虎遗书。然所载多宋元祐间事，篇中时有述其仲兄季兄仲弟之语，绝非唐氏口吻，必是唐氏移录宋人著述，故遇仁宗英宗渊圣等字均空格。是书见天一阁书目子部，据姚氏手跋，定为明唐寅撰，恐误。

志异志三卷

明抄本一册，袁邦正，天一阁旧藏。题前明州刺史赐紫金鱼袋李冗纂。卷末有袁表跋语二行，谓得之方山吴太学。按吴岫字方山，苏州人，家富藏书。袁表亦苏州人，官临江通判，邦正其字也。天一阁书目：蓝丝阑抄本，明李冗纂，序残。

佛祖历代通载存二十卷

明宣德刊十六册，天一阁旧藏，有"天一阁"、"古司马氏"印。题嘉兴路大中祥符寺住持华亭念常集，前至正元年虞集序，又四年比丘觉岸序，又凡例十三条，卷一末有宣德五年大慈恩寺首座比丘广仪洪兴募缘重刊木记，卷二、卷三佚。

锡山遗响十卷

明正德刊本三册，天一阁旧藏。是编专辑锡山人士所撰古今体诗，起自南朝刘宋，迄今有明中叶，每人名下略记其生平及著述，综计凡一百五十三家。邑人翟公厚、潘继方先后哀集，同邑莫息复加采择，定为十卷。前有正德庚子邵宝序，卷末有弘治乙丑莫息后跋。旧为天一阁所藏，散出未久，入于涵芬楼。

诗纪一百五十六卷

明嘉靖刻本四十册,天一阁旧藏,有"天一阁"、"古司马氏"印。题巡按陕西监察御史太原甄敬裁正,陕西按察司金事北海冯惟讷汇编,卷首甄敬序,河中张四维序。全部四集:前集古逸诗凡十卷,正集自汉及隋之诗凡一百三十卷,外集仙诗鬼诗凡四卷,别集前人论诗之语凡十二卷。昔年尝购得初印本一部,纸墨绝精,与是本并储,曩岁不幸,燔于火矣。

【注】《涵芳楼烬馀书录》张元济撰,1951 年印本。是书顾廷龙后序云:"海盐张菊生先生于戊戌政变后,侨寓沪滨,悉心文教,当鼎革之际,古籍沦胥,先生四出访求,所获渐富,琳琅万卷,甲于东南,先筑涵芬楼藏之,继复扩为东方图书馆。倭寇肆虐,俱罹焚如,仅少数善本先期移存他所者幸免浩劫,先生因编次为烬馀书录。"

————《涉园序跋集录》著录

嘉靖二年会试录

张元济跋:"郑端简为吾邑闻人,余既得公年谱、奏议、文集及吾学编等书,得以多识前言往行,良深欣幸。公举嘉靖元年浙江乡试第一人。天一阁藏书散出,余收得是年乡试题名录,公裒然居其首。次年联捷成进士,余又得是册。是虽不能与绍兴十八年同年小录、宝祐四年登科录等观,而自吾邑视之,则不能不谓物以人重。而两录并存,尤为罕有。征文考献,洵足珍已。"

嘉靖元年浙江乡试录。

张元济跋:"是由鄞县天一阁散出,吾邑郑端简公举是科乡试第一人,物以人重,余故收之。"

【注】《涉园序跋集录》张元济著,顾廷龙编,1957 年 7 月上海古典文学出版社出版。上述二书今藏上海图书馆。

五、东方图书馆收藏后被日机炸毁

——《从天一阁说到东方图书馆》著录

虚庵李公奉使录一卷

　　　　明李实撰，明成化刻本。

王氏家乘一卷

　　　　明王梴辑，明嘉靖刻本。

楚昭王行实一卷

　　　　明楚王继埌撰，明正统刻本。

定远忠敬王行状一卷

　　　　明丰畴撰，明嘉靖刻本。

先考奉国公年表一卷

　　　　明宗室朱睦㮮撰，明隆万间刻本。

宋氏传芬录八卷

　　　　题明潘璋辑，明成化刻本。

忠烈编十卷

　　　　明孙堪等撰，明嘉靖刻本。

金姬传一卷

　　　　明杨仪撰，明嘉靖刻本。

临江先哲言行录二卷

　　　　明龚守愚撰，明弘正间刻本。

建宁人物传四卷

　　　　明李默撰，明嘉靖刻本。

海防录一卷

　　　　此翁大立议御倭之作，明嘉靖刻本。

御虏安边策一卷

　　　　明张铉撰，明嘉靖刻本。

日本国考略一卷补遗一卷

　　　　明薛俊撰,明嘉靖刻本。

山海关志八卷

　　　　明詹荣撰,明嘉靖刻本。

隆庆铜梁县志四卷

　　　　明高启愚纂修,明隆庆刻本。

嘉靖贵州通志十二卷

　　　　明张道纂修,明嘉靖刻本。

嘉靖仙游县志八卷

　　　　明林大年纂修,明嘉靖刻本。

成化新编嘉祥县志六卷

　　　　明周诏纂修,有嘉靖末年增入之叶。

兰州志三卷

　　　　不著纂修人姓名,明嘉隆间刻本。

后湖志十二卷

　　　　明赵官原本,嘉靖中重修,明嘉靖刻本。

滇略十卷

　　　　明谢肇淛撰,明万历刻本。

通惠河志二卷

　　　　明吴仲撰,吴仲疏请重浚,工成,遂著此书。

北关新志十六卷

　　　　明王廷斡撰,明嘉靖刻本。

河东监池录四卷

　　　　明李鉴撰,明弘治刻本。

鄞县丈量田总一卷

　　　　明齐禹臣撰,明嘉靖刻本。

长芦运司志七卷

　　　　明郭司常等撰,明嘉靖刻本。

【注】《从天一阁说到东方图书馆》赵万里撰,见《大公报》(天津)1934 年 2 月 3 日《图书副刊》第十二期。文中著录东方图书馆藏"明季史料属于天一阁旧藏的二十六种"。1932 年 1 月 28 日商务印书楼东方图书馆遭日机轰炸,藏书"一律化为灰烬"。

——《云烟过眼新录》著录

皇明诏赦四卷
　　　　不著编辑人姓名,明嘉靖刻本。

求退录三卷
　　　　明李东阳撰,明正德刻本。

少保胡端敏公奏议十卷
　　　　明胡世宁撰,明刻本。

江西奏议二卷
　　　　明唐龙撰,明嘉靖刻本。

小泉奏稿一卷续录一卷
　　　　明胡庭□撰,明嘉靖刻本。

秀峰奏议二卷文集一卷
　　　　明石天柱撰,明嘉靖刻本。

江西巡按奏议四卷
　　　　明周相撰,明嘉靖刻本。

恤刑疏草八卷
　　　　明葛木撰,明嘉靖刻本。

勘处夷情一卷
　　　　明万镗撰,明刻蓝印本。

盐法奏议一卷
　　　　明戴金撰,明刻本。

荆南榷志十卷
　　　　明邵经邦汇次,陈梧增修,明嘉靖刻本。

庐江荒政录四卷

　　明陆梦麟编,明嘉靖刻本。

两浙南关志六卷

　　明薛侨撰,明嘉靖刻本。

河西关志二卷

　　明杨濂撰,明嘉靖刻本。

嘉靖漳浦县志十二卷

　　明林梅纂修,明嘉靖刻本。

嘉靖武平县志六卷

　　明徐甫宰纂修,明嘉靖刻本。

嘉靖邹平县志四卷

　　明叶林纂修,明嘉靖刻蓝印本。

南诏事略一卷

　　明顾应祥撰,明嘉靖刻本。

嘉靖新例一卷

　　不著编辑人姓名,明抄本。

嘉靖各部新例十卷

　　明抄本,似有阙失。

昭靖沐公行状一卷

　　明朱琳撰,此沐英状,明洪武三十二年刻本。

太师杨文敏公年谱四卷

　　明苏镒撰,杨荣年谱,明嘉靖刻本。

广信先贤事实录六卷

　　明姚堂编集,明弘治刻本。

国朝祥符先贤传八卷

　　明李濂撰,明嘉靖刻本。

尚书章恭毅公年谱一卷

　　明章玄应撰,章纶年谱,明弘治刻本。

兴都营建图式录一卷

> 明袁铖、李汝楫编录,明嘉靖刻本。

弘治九年进士登科录一卷

> 明弘治刻本。

嘉靖五年进士登科录一卷

> 明嘉靖刻本。

嘉靖十七年进士登科录一卷

> 明嘉靖刻本。

嘉靖二十三年进士登科录一卷

> 明嘉靖刻本。

成化十九年顺天府乡试录一卷

> 倪岳序,董越后序,明成化刻本。

弘治二年福建乡试录一卷

> 濮琰序,周诏后序,明弘治刻本。

弘治八年浙江乡试录一卷

> 濮琰序,郑纬后序,明抄本。

弘治十四年湖广乡试录一卷

> 陈讷序,戴显后序,明弘治刻本。

弘治十四年浙江乡试录一卷

> 喻端序,董俸后序,明抄本。

弘治十一年浙江乡试录一卷

> 吴伯淳序,张翰后序,明弘治刻本。

弘治十七年应天府乡试录一卷

> 白铖序,费宏后序,明弘治刻本。

弘治十七年湖广乡试录一卷

> 王珙序,马文后序,明弘治刻本。

正德五年陕西乡试录一卷

> 余大纲序,王学夔后序,明正德刻本。

正德十四年浙江乡试录一卷

申伟序,张玠后序,明正德刻本。

嘉靖元年山东乡试录一卷

商大节序,程霆后序,明嘉靖刻本。

嘉靖元年福建乡试录一卷

李翱序,章琥后序,明嘉靖刻本。

嘉靖四年广西乡试录一卷

林瓒序,蔡伯祥后序,明嘉靖刻本。

嘉靖十年山东乡试录一卷

施昱序,吴鹏后序,(俱已缺失),明嘉靖刻本。

嘉靖十年江西乡试录一卷

王守序,朱子和后序,明嘉靖刻本。

嘉靖十年浙江乡试录一卷

潘大宾序,郭宗皋后序,明抄本。

嘉靖十三年山东乡试录一卷

彭参序,王伯鸾后序,明嘉靖刻本。

嘉靖十三年湖广乡试录一卷

陈待科序,莫如爵后序,已缺失,明嘉靖刻本。

嘉靖十九年浙江乡试录一卷

冯友序,朱衷后序,明嘉靖刻本。

嘉靖十九年福建乡试录一卷

冯体立序,林一正后序,明嘉靖刻本。

嘉靖十九年广西乡试录一卷

许浍序,赵鸣凤后序,明嘉靖刻本。

嘉靖二十二年顺天府乡试录一卷

秦鸣夏序,浦应麟后序,明嘉靖刻本。

嘉靖二十二年浙江乡试录一卷

陈烜序,陈雍后序,明嘉靖刻本。

嘉靖二十二年福建乡试录一卷

  萧廷相序,王治后序,明嘉靖刻本。

嘉靖二十二年广西乡试录一卷

  翁继荣序,张鸣鹤后序,明嘉靖刻本。

嘉靖二十二年云南乡试录一卷

  陈以道序,沈一元后序,明嘉靖刻本。

嘉靖二十二年贵州乡试录一卷

  杨伯元序,穆旺后序,明嘉靖刻本。

嘉靖二十五年浙江乡试录一卷

  冯世昌序,胡宁后序,明嘉靖刻本。

嘉靖二十五年云南乡试录一卷

  朱佐序,彭洛后序,明嘉靖刻本。

嘉靖二十八年江西乡试录一卷

  徐鹍序,庄应元后序,明嘉靖刻本。

嘉靖二十八年湖广乡试录一卷

  姚本崇序,徐观澜后序,(已缺失),明嘉靖刻本。

嘉靖二十八年云南乡试录一卷

  林茂桂序,侯维藩后序,明嘉靖刻本。

嘉靖二十八年贵州乡试录一卷

  周文爌序,刘尚年后序,明嘉靖刻本。

嘉靖三十一年浙江乡试录一卷

  胡大庆序,王三聘后序,明嘉靖刻本。

嘉靖三十一年广西乡试录一卷

  熊勋序,陈至言后序,明嘉靖刻本。

嘉靖三十一年山东乡试录一卷

  彭辂序,刘熠后序,明嘉靖刻本。

嘉靖三十一年河南乡试录一卷

  刘存义序,方沂后序,明嘉靖刻本。

嘉靖三十一年云南乡试录一卷

　　　　杨道南序,陈英选后序,明嘉靖刻本。

嘉靖三十四年福建乡试录一卷

　　　　李栋序,蒋遵正后序,明嘉靖刻本。

嘉靖三十七年河南乡试录一卷

　　　　魏体谦序,郑延年后序,明嘉靖刻本。

嘉靖三十七年山西乡试录一卷

　　　　吴桓序,吴谦后序,明嘉靖刻本。

嘉靖四十年应天府乡试录一卷

　　　　吴情序,胡杰后序,明嘉靖刻本。

嘉靖四十年山东乡试录一卷

　　　　刘璞序,康求德后序,明嘉靖刻本。

嘉靖四十年顺天府乡试录一卷

　　　　裴宇序,胡正蒙后序,明嘉靖刻本。

嘉靖四十三年陕西乡试录一卷

　　　　黄尚质序,俞琏后序,明嘉靖刻本。

嘉靖四十三年湖广乡试录一卷

　　　　戴妆愿序,余奕后序,明嘉靖刻本。

嘉靖四十三年贵州乡试录一卷

　　　　龙尧达序,赵佑卿后序,明嘉靖刻本。

隆庆元年江西乡试录一卷

　　　　陈应秋序,王应桂后序,明隆庆刻本。

隆庆元年云南乡试录一卷

　　　　冯惟敏序,周文化后序,明隆庆刻本。

隆庆四年云南乡试录一卷

　　　　张问明序,陈镳后序,明隆庆刻本。

成化十四年会试录一卷

　　　　刘吉序,彭华后序,明成化刻本。

弘治三年会试录一卷

　　　　徐溥序,汪谐后序,明弘治刻本。

弘治九年会试录一卷

　　　　谢迁序,王鏊后序,明弘治刻本。

嘉靖五年会试录一卷

　　　　贾咏序,董玘后序,明嘉靖刻本。

嘉靖十四年会试录一卷

　　　　张璧序,蔡昂后序,明嘉靖刻本。

　　【注】《云烟过眼新录》赵万里撰,见《周叔弢先生六十生日纪念论文集》,作者自叙:"1930 年、1931 年夏 7 月余均以休假返籍过沪,因张菊生先生之介,得纵观东方图书馆涵芬楼藏书。前后历十馀日,检书至四百余种,大半皆四明范氏天一阁故物。1932 年 1 月 28 日闸北战起,敌机肆虐,东方图书馆中西文图书数十万册,一夕烬焉……兹辑录范氏旧藏史部书目一百种,以见一斑。"其中《虚斋李公奉使录》、《楚昭王行实》、《定远忠敬王行状》、《先考奉国公年表》、《忠烈编》、《御虏安边策》、《日本国考略》、《隆庆铜梁县志》、《嘉靖贵州通志》、《成化新编嘉祥县志》、《兰州志》、《北关新志》、《河东盐池录》、《鄞县丈量田总》十四种,因与《从天一阁说到东方图书馆》一文所记书目重复,今省去不录。

六、刘承幹嘉业堂收藏
——《嘉业堂钞校本目录》著录

明世宗肃皇帝实录五百六十六卷

　　　　明徐阶等修,张居正等续修,明抄本,一百八十册,天一阁
　　　　旧藏,叶德辉有跋。

比部招拟类钞不分卷。

　　　　明抄本,六册,天一阁旧藏。

曾子志一卷

　　　　不著撰人,明棉纸抄本,一册,天一阁旧藏。

高科考一卷

　　　　明甬东书屋抄本,一册,天一阁旧藏。

人象大成不分卷

　　　　明袁忠彻编,明抄皮纸本,四册,天一阁旧藏,莫楚生有跋。

履斋示儿编二十三卷

　　　　宋孙奕著,明抄皮纸本,二册,天一阁旧藏。

河南邵氏闻见前录二十卷后录十四卷

　　　　宋邵伯温著,明抄本,六册,天一阁旧藏。

楞伽经注解二卷

　　　　宋求那跋多罗译,明释宗泐如玘同注,明抄本,二册,天一
　　　阁旧藏,残。

太清金液神宗经三卷

　　　　汉张道陵阴长生、晋葛洪著,明抄本,二册,附太清修丹秘
　　　诀一卷,天一阁旧藏。

神仙感遇传五卷

　　　　后蜀杜光庭著,明抄皮纸本,□册,天一阁旧藏。

赤牍清载四卷

　　　　明杨慎辑,明抄本,一册,天一阁旧藏。

唐诗选玄集二卷

　　　　明万表选,明抄本,二册,天一阁旧藏。

陶园后集一卷

　　　　明杨迁辑,明抄本,一册,天一阁旧藏。

三武诗集三卷

　　　　唐武平一三思元衡著,明光泽堂草本,一册,天一阁旧藏。

陈允平词一卷

　　　　宋陈允平著,明抄本,一册,天一阁旧藏。

草堂诗馀别录一卷

      明张铤选评,明抄本,一册,天一阁旧藏。

【注】《嘉业堂钞校本目录》周子美编,1985 年华东师范大学出版社出版。其自序云:"嘉业藏书楼在浙江吴兴县南浔镇,是在一九二四年落成的。那时我因为同乡世好的关系,受到楼主人刘翰怡(承干)先生的聘请,帮助他编校全部藏书……我在书楼工作八年之后,就到上海圣约翰大学教书。"

——《浙江省文献展览会目录》著录

人象大成不分卷

      四册,明抄稿本,明鄞县袁忠彻著。忠彻字静思,明史有传。是书明史艺文志未载,为天一阁旧藏,有独山莫楚生跋,象作相。

明英宗实录三百六十一卷

      陈列一册,明陈文等修,明抄本,半页十一行,行二十一字。范氏天一阁归藏。

明宪宗实录二百九十三卷

      送陈一册,明刘吉等修,明抄本,半页十一行,行二十字。范氏天一阁旧藏。

明武宗实录一百九十七卷

      送陈一册,明徐光祚等修,明抄本。全书起弘治十八年五月,迄正德十六年三月,兹选陈卷一至八。范氏天一阁归藏。

明世宗实录五百九十六卷

      陈列一册,明徐阶等修,明抄本,卷首有叶德辉长跋。范氏天一阁旧藏。

【注】目录封面题《浙江省文献展览会专载》,民国二十六年(1937)陈训慈等编,《文澜学报》季刊第三、四期合刊,一册。

七、吴兴周越然收藏

——《浙江省文献展览会目录》著录

唐馀纪传二十一卷

　　　　六册,明德清陈霆著,明嘉靖刻本。霆字声伯,弘治进士,
　　官至山西提学佥事。此纪南唐事,为国纪三卷,列传十五卷,
　　志略一卷,附录一卷,嘉靖二十三年甲辰刊本,有自序及跋。
　　首有天一阁藏书印,四库入存目。

【注】目录封面题《浙江省文献展览会专载》,民国二十六年
(1937)陈训慈等编,《文澜学报》季刊第二卷第三、四期合刊,一
册。据柯亚莉《天一阁藏明代文献研究》,此书今藏上海图书馆,
作十八卷,六册,嘉靖二十三年(1544)冯焕刻本,钤"天一阁"、"周
越然"二印。

八、张寿镛约园收藏

——《鄞县通志·文献志》著录

孙逢吉职官分纪五十卷

　　　　明抄本,天一阁旧藏。

喻汇不分卷

　　　　明抄本十四册,自明徐元太喻林中辑出,天一阁流出。

刘敞公是集不分卷

　　　　明抄本四册,天一阁流出。

胡翰仲子集十卷

　　　　明抄本,天一阁流出

四明文献录不分卷

　　　　精抄本二十四册,不题撰人,全祖望谓出于李孝谦手,天

一阁旧藏。

【注】《鄞县通志》马瀛等纂修,1937 年至 1951 年铅印本,三十六册。其中《现代本县藏书纪事》载:"寿镰自幼好书,弱冠至壮,所得皆文集也。购书之广,盖自庚申年(民国九年)始,积五十载之时光,储十六万卷轴。"

九、李庆城萱荫楼收藏
——《鄞县通志·文献志》著录

丰坊古易世学
　　　　抄本,存十一册,天一阁旧藏。
元和郡县图志
　　　　抄本,存十五册,天一阁流出。
　　【注】《鄞县通志》马瀛等纂修,1937 年至 1951 年铅印本,三十六册。其中《现代本县藏书记事》载:"萱荫楼藏书得之于蔡氏墨海楼,墨海楼得之于镇海姚氏大梅山馆,天一阁抱经楼之书亦间有流传焉。"

十、郑振铎西谛收藏
——《西谛书目》著录

桂洲词一卷
　　　　明夏言撰,明嘉靖刊本,一册。
陈建安诗馀一卷
　　　　明陈德文撰,明刊本,一册。
葵轩词一卷
　　　　明夏旸撰,明刊本,一册。

张小山乐府一卷

　　　元张可久撰，明抄本，一册。

录鬼簿二卷续编一卷

　　　元钟嗣成撰，无名氏续编，明抄本，一册。

　　【注】《西谛书目》五卷《题跋》一卷，北京图书馆编，1963 年 10 月文物出版社出版，线装本六册。赵万里《西谛书目序》云："记得一九三〇夏天，我在他上海虹口东宝兴路寓所中，看到他新收的天一阁旧藏的几种明版词集。中有明人夏言的桂洲词，夏旸的葵轩词，陈德文的建安诗余，纸墨俱佳，十分漂亮，但作品功力不深，风格不高，值得一读的寥寥无几。"又云："西谛对于散曲的搜集，也非常努力。天一阁旧藏明抄本张小山乐府……他所收藏的本子，不但是很有名的，而且是非常罕见的。"至于《录鬼簿》一书，在郑振铎、赵万里分别所写的题跋中有详细叙述。

十一、上海市文物保管委员会收藏
——《上海市文物保管委员会善本书目》著录

范氏易传九卷

　　　宋苏轼撰，明范氏天一阁抄本，三册。

摄生要义一卷

　　　明沈概撰，明范氏天一阁抄本，一册。

西京杂记二卷。

　　　晋葛洪集，明范氏天一阁抄本，清卢文弨校，二册。

建安七子集七卷

　　　明范钦辑，明嘉靖间写本，范钦手写目录并签注，一册。

周易本义启蒙翼传四卷

　　　宋胡一桂撰，明范氏天一阁抄本，三册。

司马温公稽古录二十卷

　　宋司马光撰,明范氏天一阁刻本,四册。

　　【注】《上海市文物保管委员会善本书目》1958 年油印本一册。书目分初编、续编、三编。据"编印说明",所录古籍善本入藏于 1953 年 9 月至 1958 年 9 月。此后,上海市文物保管委员会在答复天一阁散存书调查时,于 1965 年 9 月 11 日专函告知:"我会原藏天一阁旧藏图书,均已拨交上海图书馆保管。"

十二、天津图书馆收藏
——《天津图书馆善本书目》著录

唐宋名贤百家词

　　明吴讷辑,明朱丝阑抄本,存四十册。

　　【注】经咨询,天津图书馆于 1980 年 1 月 19 日函告:"此书在《天一阁书目》集部杂著类曾著录,著为九十册,红丝阑抄本,明吴讷辑并序。我馆所藏(见书影)亦为红格抄本,似白棉纸,四十册(原佚十家),但都留有空白纸……此书在民国初年所得,当时著为明抄本,编目人员在本书扉页上作了查找和考证版本源流的题识。"

十三、西安市文物管理委员会收藏
——《西安市文物管理委员会古籍善本目录甲编》著录

皇王大纪八十卷

　　宋胡宏撰,明抄本,半页十行,行二十字,小字双行二十字,白口,蓝格,四周单边。《四库全书提要》著录为浙江范懋柱天一阁藏本。此部系路小洲家藏书,首册封面钤盖"乾隆三十八年十一月浙江巡抚三宝送到范懋柱家藏皇王大纪壹部记书贰拾本"长方印,卷首第一页复钤有满汉文翰林院印。是即四库著录之本。路氏藏书多出自清内府,此其一也。

【注】《西安市文物管理委员会古籍善本目录甲编》西安市文物管理委员会编,1980 年 11 月油印本,一册。本书前言:"我会收藏线装书籍八万余册,其中不乏珍籍善本,而尤以我省周至县路禾甫先生所捐献其先人路慎庄藏书为最。路字子瑞,号小洲,道光辛卯举人,丙申进士,翰林院编修。"

后记

宁波天一阁是名闻中外的藏书楼。它历经四百多年沧桑，至今岿然独存，原因是多方面的，其中管理者的世代传承无疑是一个重要因素。藏书文化的传承包含实物与文字的传承，我在守阁期间，力求二者兼顾，藏书建设与学术研究并进。

天一阁由明兵部右侍郎范钦创立于嘉靖年间，其子大冲继承。自万历三十年（1602）大冲去世后，经历了范氏家族共管、公私共管、公管三个时期。新中国成立之初，随着"范氏天一阁藏书产业保管委员会"的终止，天一阁进入公管时期。从此，管理部门陆续访归天一阁早年散出在外的部分原藏书，宁波当地许多藏书之家纷纷把自己辛苦积累的古籍、碑帖、书画等藏品捐赠给天一阁。天一阁藏书大量增加，天一阁藏书文化的研究范围也扩展到宁波地方藏书家与藏书。

我对天一阁的认知是从校阅几种现存天一阁书目开始的，时在1961年秋，随著名学者藏书家冯贞群先生编纂《天一阁书目外编》。次年10月，到宁波市文物管理委员会工作后，更有机会接触天一阁珍藏。数十年来，边工作边学习，完成了几项重要课题的研究，出版了七种专著，并获得宁波市人民政府颁发的社会科学优秀成果一、二、三等奖。这本《天一阁杂识》，算是天一阁藏书文化研究成果的续编。

本书收录五十篇短文，多是我古稀之年退休后所写，想通过整理亲历、亲见、亲闻的资料，略陈管见，留住藏书文化历史信息。内容大致分为历史研究和文献研究两部分，历史部分各篇注明成文时间。在写作和出版过程中,得到许多同志的帮助,天一阁博物馆章国庆副馆长不厌其烦地帮我打印和校对书稿,庄立臻馆长欣然为本书作序,谨此衷心致谢。

骆兆平

2015 年 8 月 20 日